Peter Meis

Auf der Spur
des Lebens

Den Reichtum des Glaubens
im Kirchenjahr entdecken

Claudius

Für
Klara, Leonie, Justus, Elena,
Jarek, Miron und Elise

Bibliografische Informationen Der Deutschen Nationalbibliothek
Die Deutsche Nationalbibliothek verzeichnet diese Publikation in der
Deutschen Nationalbibliografie; detaillierte bibliografische Daten
sind im Internet über http://dnb.d-nb.de abrufbar.

© Claudius Verlag München 2011
Birkerstraße 22, 80636 München
www.claudius.de

Umschlaggestaltung: Guter Punkt, München
Umschlagbild: © Markus Weber
unter Verwendung eines Motivs von Thinkstock
Druck: AZ Druck und Datentechnik, Kempten

ISBN 978-3-532-62422-7

Inhalt

Ein Wort zuvor

Ohne Rhythmus kein Leben. Wie Musik ist auch der Klang unseres Lebens bestimmt von wiederkehrenden Figuren: dem Grundakkord der Tages-, Wochen- und Jahreszeiten, dem sodann – gleichsam als Cantus firmus – die Melodien kirchlicher oder persönlicher Festtage einen besonderen Glanz verleihen.

Die Polyfonie unseres Lebens bedarf der Rhythmik des Gewohnten ebenso wie der Abweichungen davon. Ohne diese zyklische Wiederkehr und ihre betonte Unterbrechung verlöre sich unser Leben in einem abwechslungslosen Einerlei, allenfalls zerstückelt vom Takt eiliger Terminketten zum Allerlei.

Dem zu wehren, haben die Menschen seit alters ihre Zeit durch Kalendarien strukturiert. Kalender organisieren die Zeit entsprechend dem Grundrhythmus des Lebens. Die Kreisbewegung, die im Rad oder Zifferblatt ihren Ausdruck fand, ist dabei zu einer Grundfigur geworden, die sowohl die Wiederholung als auch den Fortschritt anschaulich macht. In dieser Absicht hat auch die alte Kirche in Anlehnung an den jüdischen Festkalender früh schon ihre Feste als „Kirchenjahreskreis" ausgebildet.

Sofern für unsere moderne Zeiterfahrung die Beschleunigung symptomatisch ist, erscheint als ihre Schwester zwangsläufig die Gleichzeitigkeit. Synchron, als müssten wir „geradewegs" die zeitraubende Kreisbewegung ungeduldig überholen, geben wir die Zeittakte immer häufiger digital an.

Der stete Zyklus des Kirchenjahres kann uns dagegen anleiten, den Grundrhythmus des Lebens neu zu entdecken. Gleich den Ringen eines Baumes wachsen wir in den Wiederholungen des Kirchenjahres mit Liedern, Lesungen, Liturgie und Predigt, hin zu dem, von dem der Psalmbeter sagt: „Du bist mein Gott! Meine Zeit steht in deinen Händen." (Psalm 31,16)

Jenseits der Gottesdienste begegnen die Themen des Kirchenjahres heute vielen Menschen in zumeist gut besuchten Oratorien oder anderen Konzerten der Kirchenmusik. Freilich immer weniger in Kenntnis der biblischen Hintergründe – in den neuen Bundesländern sind 80 Prozent der Bevölkerung konfessionslos, kirchlich unbehaust noch mehr.

Vor diesem Hintergrund widmet auch der 33. Deutsche Evangelische Kirchentag 2011 in Dresden den „Schätzen des Glaubens" einen eigenen Themenbereich. Unter dem Motto „... da wird auch dein Herz sein" (Matthäus 6,21) schenkt er dabei dem Zentrum des Menschen besondere Aufmerksamkeit. Denn biblisch ist das Herz (gleich dem Salat, der es im Kopf trägt) der Ort des Wissens und Gewissens, des Urteilens und Fühlens, des Verstehens und der Orientierung. Eine Instanz also, von der das Alte Testament weiß: „Bleibe bei dem, was dein Herz dir rät, einen treueren Ratgeber wirst du nicht finden." (Jesus Sirach 37,13)

In diesem Sinne wollen die folgenden Aufsätze den im Kirchenjahr entfalteten Reichtum des Glaubens entdecken helfen. Nicht systematisch, schon gar nicht dogmatisch oder didaktisch. Wohl aber mit einem denkenden Herzen.

Ich suche damit der Bitte um erfahrungsbezogene,

8

leicht verständliche Zugänge zu entsprechen. Jedem Kapitel sind einige Sacherklärungen vorangestellt, ohne Anspruch auf Vollständigkeit.

Dem Klang unseres Lebens soll Gehör geschenkt werden – unterwegs „auf der Spur des Lebens".

Gewidmet sei dieses Buch unseren Enkelkindern, denen ich mehr solcher Spuren verdanke, als sie wissen können. Zu danken habe ich aber auch den vielen, die mich in meiner Arbeit als Superintendent angeregt, korrigiert und durch Resonanz erfreut haben. Dem freundlichen Entgegenkommen des Claudius Verlages gilt schließlich ein Gleiches.

Peter Meis
Dresden, im Februar 2011

Das Kirchenjahr

Schon der Evangelist Lukas hat eine Periodisierung des Heilsgeschehens vorgenommen. In Anlehnung an die jüdische Festtradition wurden dann nach und nach die wichtigsten Ereignisse des Lebens Jesu in das Kalendarium der frühen Kirche eingeordnet. Auf diese Weise entstand eine jährlich wiederkehrende Abfolge von Festen, die „die großen Taten Gottes" und „das Erlösungswerk Christi" dauerhaft vergegenwärtigen.

Ausgangspunkt war der Übergang vom jüdischen Sabbat auf den Sonntag. An ihm feierte das junge Christentum die Auferstehung Jesu. So gilt schon jeder erste Tag der Woche nicht nur als Beginn der Schöpfung, sondern als Neuschöpfung – jeder Sonntag ein „kleines Ostern". Kaiser Konstantin setzte ihn 312 als allgemeinen Feiertag durch, gesetzlich geschützt wurde der Sonntag in Deutschland erst 1891.

Das Kirchenjahr beginnt mit dem 1. Advent und endet mit dem Gedenken an die Toten und das Ende der Zeit. Dabei ist jedem Sonntag der Kirchenjahreszeit nicht nur eine Auswahl von Bibeltexten, sondern auch eine Farbe zugeordnet, sichtbar am Altar- und Kanzelbehang: violett (Umkehr und Neuanfang), weiß (Licht und Freude; Christusfeste), rot (Feuer und Liebe), grün (Gedeihen und Hoffnung), schwarz (Dunkel und Trauer).

Advent

FARBE: VIOLETT. Der Ankunft (lateinisch: adventus) Jesu wird in den Adventswochen in zweifacher Hinsicht gedacht: als Vorbereitung auf seine Geburt (Weihnachten), vor allem aber auf sein Kommen als Weltenrichter (daher entfällt vom 2. bis 4. Advent das Gloria in der Liturgie). Stärker als die evangelische erinnert die griechische und katholische Kirche an die ursprünglich 40-tägige Buß- und Fastenzeit, die mit dem Karneval (lateinisch carne levare = Fleisch wegnehmen) am 11. November begann. Wie in der Passionszeit wurde auf alles verzichtet, was während des Fastens (von „fest", „fest-sein/bleiben") nicht verzehrt werden durfte.

Um 600 hat Papst Gregor die Adventssonntage auf vier reduziert. Die offene Tür, Stern und Tannengrün (als Ersatz für die Palmenzweige zur Begrüßung Jesu beim Einzug in Jerusalem) sind alte Symbole; 1839 kommt der von Johann Hinrich Wichern eingeführte Adventskranz hinzu. Der erste Adventskalender wurde wahrscheinlich vom Verleger Gerhard Lang 1908 herausgegeben.

Sperrangelweit geöffnete Türen habe ich mehrfach erlebt. Nicht nur bei vielen Einzügen. Angenehm ist das nicht. Schon als Kind war mir die halb geöffnete Tür lieber. Der Spalt, die behutsam angelehnte Tür zum Wohnzimmer.

Sperrangelweit geöffnete Türen gewähren keinen Schutz. Sie können genauso bedrohen wie ihr Gegenteil, die geschlossene Tür. Es ist die angelehnte Tür, die das Geheimnis wahrt, die den Raum dahinter halb offen hält und ihn nicht entzaubert in törichter Eroberung.

Woher aber dann die seltsam weite Schwingung, die das Lied „Macht hoch die Tür, die Tor macht weit" einmal im Jahr unsere Herzen erfasst? Bewegt uns hier die Erlösung von der Not, die ein Kind empfindet, das die Tür nicht öffnen kann, weil die Klinke zu hoch ist? Oder ist es die Befreiung von der tief sitzenden Erstarrung, die ins Schloss gefallene Türen bei uns hinterlassen? Immer mehr unserer Türen haben ja nur noch auf der einen Seite eine Klinke. Unser wachsendes Sicherheitsbedürfnis konstruiert die meisten Türen so, dass wir zwar hinausgelangen, aber keiner herein. Jedenfalls nicht ungebeten.

Wie ein unsichtbarer Türöffner in Krankenhäusern oder einladenden Passagen öffnet demgegenüber das Lied unsere Herzen. Georg Weissel hat es im 17. Jahrhundert anlässlich des Einzuges in die neu erbaute Altroßgärter Kirche in Königsberg gedichtet. Noch schwerer als ihre Türen waren die massiven Tore des Tempels in Jerusalem zu bewegen. Mehrere Männer brauchte es dazu. Einmal im Jahr öffneten sie die Tore, vermutlich um die Bundeslade hineinzutragen. So wurde der Raum zum Raum Gottes, der dort mehr geahnt als gewusst wurde – geheimnisvoll anwesend im Wechselgesang des Psalms 24: „Machet die Tore weit und die Türen in der Welt hoch, dass der König der Ehren einziehe! Wer ist der König der Ehre? Es ist der Herr, stark und mächtig im Streit. Machet die Tore weit und die Türen in der Welt hoch."

Einmal im Jahr. Ausnahmsweise können auch wir weit geöffnete Türen ertragen. Und abgesehen davon, dass das Öffnen schwerer Türen – wie im zwischen-menschlichen Bereich – immer einer Gemeinschaftsar-beit bedarf: Entscheidend ist dabei, wie solche Türen gelagert sind. Die Türangel muss so zuverlässig sein wie das Amen in der Kirche. Sie muss so sicher tragen, dass sie die Bewegung der Türen ermöglicht. Eben das meint das hebräische „Amen". Es ist abgeleitet von einem „fest stehenden Pfosten", der „sicher, fest, zuverlässig" steht. In diesem Sinne kann es auch das Festhalten eines Menschen bedeuteten oder das Tragen eines Kindes im Wickeltuch. Wer „Amen" sagt, bestätigt also jenen fes-ten Halt, der uns nicht nur ausnahmsweise, sondern täglich trägt.

Fern kecken Übermutes notiert Werner Bergengrün einmal: „Versuche, die Welt aus den Angeln zu heben, locken mich nicht. Wichtig und tröstlich war mir im-mer der Blick auf die Angeln, in denen sie sich bewegt und ruht."

Wie gut, wenn wir uns dessen etwa beim Abendge-bet vergewissern dürfen. Von einem Bekannten hörte ich, wie ein Kind abends mit ihm zusammen betete: „Lieber Gott, mach mich fromm, dass ich in den Him-mel komm – und lass die Tür bitte offen." Ob hier die Tür zum Himmel oder zum Wohnzimmer gemeint war, kommt wohl auf das Gleiche hinaus. Ein Adventsgebet ist es in jedem Fall.

Weihnachten

FARBE: WEISS. Der Begriff „Weihnachten" (geweihte, heilige Nächte) ist erst 1170 belegt: Im Anschluss an die Wintersonnenwende feierte man zwölf heilige Nächte, in denen die Waffen schweigen sollten; Stall und Haus wurden mit Weihrauch ausgeräuchert (daher „Raunächte").

336 wurde der Termin der Geburt Christi auf den 25. Dezember festgesetzt, dem heidnischen Fest der Wintersonnenwende; in vielen orthodoxen Kirchen wird die Geburt Jesu bis heute am 6. Januar (Epiphanias) gefeiert. Erst das 15. Jahrhundert verlegt die Geburtsgeschichte in die Nacht, sodass der „Heilige Abend" – ursprünglich nur die Vesperandacht des Vortages – bei uns zum eigentlichen Fest geworden ist.

1223 hat Franz von Assisi erstmals eine figürliche Weihnachtskrippe als Altar aufgestellt. Die älteste Darstellung eines Weihnachtsbaumes findet sich 1509 auf einem Kupferstich von Lukas Cranach d.Ä. Die Kerzen machen ihn in Analogie zur Osterkerze zum Lichtträger für neu erwachendes Leben im Winter. Da am Weihnachtsfest auch des „Geburtstages" von Adam und Eva gedacht wird, erinnert der Weihnachtsbaum auch an den Paradiesbaum. Der Apfelschmuck (seit 1870 als Glaskugeln) und Nüsse verweisen auf die Paradiesfrüchte, die Kringel (von Christus zerbrochene Ketten) auf die Sündenfall.

Geschenke brachte zunächst der Nikolaus, Patron (auch) der Kinder. Infolge der Anregung Luthers, die Bescherung (durch den „heiligen Christ") auf Weihnachten zu verlegen, wurde der nun arbeitslose Nikolaus zum Weihnachtsmann (durch einen Werbefeldzug von Coca Cola seit 1931 in rot-weißem Gewand).

Dass Weihnachten mit seinem reichen Brauchtum zum populärsten aller Feste wurde, hat theologisch sein Recht darin, dass die „Inkarnation" (Menschwerdung Gottes) das Abstrakte mancher Gottesvorstellungen hinter sich lässt.

Ich habe mich oft gefragt, warum die Heilige Nacht dieses seltsame Weh auslöst. Es ist, als ob sich alle Poren unserer Seele öffnen. Nie sind wir so dünnhäutig, selten so empfänglich für die Frage nach dem Woher und Wohin. Was „passiert" uns da, was geht uns da so durch und durch?

„Ich komm, weiß nicht woher. Ich geh, weiß nicht wohin – mich wundert's, dass ich fröhlich bin." Diesen mittelalterlichen Vers des Martinus von Biberach hat Luther ergänzt durch den Gegensatz: „Ich komm, weiß wohl woher. Ich geh, weiß wohl wohin – mich wundert's, dass ich traurig bin."

Offensichtlich beruht das Weh der Weihnacht in diesem Ineinander von Fröhlichsein und Traurigkeit. „Innig geknetet" (Friedrich Hölderlin) liegen sie ineinander: der Schmerz der Verluste – was ist mir schon verloren gegangen! – und die Sehnsucht, wieder herzustellen, was zum Glück noch fehlt. Während sich die einen dieser gärenden Gemengelage – und sei es durch Sarkasmus – entziehen, suchen die anderen eine heile Welt. Wenigstens in dieser Nacht.

Beides erlöst uns nicht. Die Erschütterung rührt zu tief an die Festen unseres Daseins. Dem Schmerz, der zu aller tiefen Weihnachtsfreude gehört, kann man offenbar nur ein Ziel geben: „Oh Jesu parvule, nach dir ist mir so weh. Tröst mir mein Gemüte. Durch alle deine Güte – trahe me post te." (Evangelisches Gesangbuch

35,2; in der Lateinisch-Deutschen Fassung des 14. Jahrhunderts)

Was geschieht, wenn wir uns so wegtragen lassen? Wo ist der Ort im weiten All, zu dem uns das Dunkel dieser wundersamen Nacht hinführt? Konzentriert leuchtet er auf im Angesicht eines Kindes, eines jeden Kindes. Auch das in uns gewahren wir in dieser Nacht ja anders als sonst.

Die Heilige Nacht berührt uns also mit dem zärtlichsten aller Geheimnisse: Gott selbst verbirgt sich in einem Kind. „Nichts ist so klein, Gott ist noch kleiner, nichts ist so groß, Gott ist noch größer." (Martin Luther)

Nirgendwo treffen sich Gott und Mensch so umstandslos, so offensichtlich und doch so geheimnisvoll wie in einem Kind.

Was gibt uns Gott mit diesem Treffen zu verstehen? Mit den Augen eines Kindes sagt er offenbar: Ich habe keine Angst vor euch. Ich gebe mich in eure Hand ...

Wer einmal die plötzliche Durchflutung gespürt hat, wenn die Hand eines Kind die unsere sucht, der erfährt, wie die Kraft solch ungeschützten Vertrauens Herz und Sinne warm durchströmt. Man kann gar nicht anders, als dieses Vertrauen nicht zu enttäuschen. Es verändert uns. Es verleiht uns Flügel, jene Fittiche, die im Erheben zugleich bergen.

Ein Kind zu betrachten heißt aber immer auch, betrachtet zu werden. Es sieht uns – manchmal entwaffnend – oft genauer als wir uns selbst. Auch das verändert uns. Wir sehen uns in den Augen eines Kindes anders.

So gibt uns Gottes Blick offenbar auch zu verstehen:

Ich sehe wohl eure Grenzen. Aber in meinen Augen
seid ihr trotzdem groß. Ich vertraue euch. Ich vertraue
euch alles an: die Welt, das Klima, den Frieden.

Wusste Gott, auf welches Abenteuer er sich damit
einlässt? Dass damit vieles schiefgehen muss? Und es
geht ja auch schief. Das harte Holz der Krippe wird sich
im Holz des Kreuzes wiederfinden.

Aber einen anderen Plan hat Gott nicht. Hat er darum auch das Weh in unser Herz gelegt?

Epiphanias

FARBE: WEISS. Bevor Weihnachten als selbständiges Fest auf den 25. Dezember verlegt wurde (s.o.), feierte die frühe Kirche die „Erscheinung des Herrn" (griechisch: Epiphanias) am 6. Januar – als drittes Hauptfest neben Ostern und Pfingsten.

Das Epiphaniasfest mit seinen anschließenden Sonntagen (Farbe: grün) verbindet verschiedene Traditionen: So ist der 6. Januar vor allem im katholischen Bereich das „Fest der Heiligen Drei Könige", denen der Stern erschienen ist (Matthäus 2; an den Folgetagen sind die Sternsinger unterwegs, um für bedürftige Kinder in der Welt zu sammeln).

Sodann gedenken alle Kirchen der Taufe Jesu (in der Regel am 1. Sonntag nach Epiphanias). Der gemeinsame Nenner, der die Texte der Epiphaniaszeit verbindet (vom Weinwunder zu Kana [Johannes 2,1–11] bis zur Verklärung Jesu [Matthäus 17,1–13] am letzten Sonntag nach Epiphanias), ist die Offenbarung Jesu als Sohn Gottes, sein Kommen in die Welt als Licht oder als König.

Da der ursprünglich vom 6. Januar aus berechnete „Tag der Darstellung des Herrn" im Tempel (3. Mose 12 bzw. Lukas 2,22 = Lichtmess) vom 14. auf den 2. Februar verlegt wurde, konnte der Brauch des Valentinstages den 14. Februar füllen.

Beginnt schon der Advent mit einer Frage: „Wie soll ich dich empfangen?" (Evangelisches Gesangbuch 11,1) – so steht auch hier, wie in so vielen biblischen Erzählungen, am Anfang eine Frage: „Wo ist der neugeborene König der Juden?" Fragen bringen uns oft weiter als einfache Antworten. Martin Heidegger konnte sogar den hintergründigen Satz formulieren: „Das Fragen ist die Frömmigkeit des Denkens."

Frommes Denken sammelt keine Informationen. Es verlangt nicht irgendeine Auskunft. Es sucht Einlass. Ein zur Frage gewordenes Denken will aufgenommen werden, es will Anteil haben an dem, was Menschen, eine Gruppe oder gar ein Volk im Innersten zusammenhält.

Während die hart gewordenen Hirten fraglos sind – mit himmlischen Heerscharen muss Gott sie überwinden –, treibt die Weisen eine Frage voran, standesgemäß natürlich: „Wo ist der neugeborene König?"

Fragen dieser Art erwecken Widerstand. Sie sind unbequem. Sie stören unsere Kreise, manchmal auch die kirchlichen.

Und so machen die Sterndeuter denn auch die höchst unerfreuliche Erfahrung, als Ausländer zu kommen. Die Behörden verschleppen ihr Anliegen. Heimlich beordert der König zunächst die eigenen Minister, um hernach die Fremden selber auszuhorchen. Sie werden ihren Weg schon selbst finden; scheinheilig wird ihnen beschieden, der König wolle ihnen gern später folgen. Sie gehen ihren Weg, unbeirrt angesichts der riskanten Situation. Ein modernes Navigationssystem haben sie nicht. Nur den Stern, der immerhin die Himmelsrichtung weist.

Ihr Geheimnis scheint die Kraft der Frage. Sie fragen sich durch. Ohne unsere moderne Scheu, sich durch Fragen eine Blöße zu geben. Die ausgefeilte Technik unserer elektronischen Leitsysteme entlastet ja nicht nur von dieser Scheu, sie macht uns auch faul im Fragen. Womöglich sogar stumpf, und das nicht nur in der Außenorientierung. „Wo ist der neugeborene König" – diese Frage taucht ja nicht erst in den verwirrenden Straßen der Hauptstadt auf. Die Weisen trugen sie im Herzen – schon mitten in der Wüste.

Vielleicht ist es gerade die Wüste, die die Gebildeten zu Gottsuchern macht. Die Öde der weiten Landschaft, die Einsamkeit, die das Selbstgespräch geradezu erzwingt. Wir lieben sie nicht, diese abwechslungslose Leere. Ausgeliefert an sich selbst, an die nicht zu bändigende Aufgebrachtheit der Seele, suchen wir ihre Fragen im Stimmengewirr der Zeitgenossen zu ersticken.

Indes, es ist die Wüste, ihre beklemmende Stille, die die weiterführenden Fragen erst vernehmbar macht. Es sind die quälenden Abschnitte in unserem Leben, die uns ansichtig werden lassen, wie wenig Schutz Gelehrsamkeit und Reichtum bieten. All unsere Sicherungen werden erfasst von der porösen Nichtigkeit der Wüste, den Gezeiten ausgeliefert, wie Fremde in der Stadt.

Ist es Zufall, dass die Weisen die Letzten sind, die das Kindlein fanden? Die Einfachen, die die Wüste nicht kennen, scheinen manchmal näher dran. Aber wer kann sich aussuchen, welchen Weg er zu gehen hat? Unsere Herkunft bestimmt allemal den Raum, den wir zu durchmessen haben. So wüst er sich auch streckenweise ausnimmt, im Fragen jedenfalls hält er uns stark. Fragen wir uns also durch.

Passion

FARBE: VIOLETT (Vorpassionszeit: grün). Die Passions- (lateinisch: passio = Leiden, Martyrium) und Fastenzeit (siehe Advent) beginnt am Aschermittwoch (40 Fastentage vor Ostern). Seinen Namen hat der Aschermittwoch von dem Brauch, als Zeichen der Buße Asche auf das Haupt zu streuen. Streng genommen beginnt die eigentliche Passionszeit, von der die Sonntage als Gedenktage der Auferstehung ausgeschlossen sind, erst am 5. Sonntag in den Fasten: 14 Tage vor Ostern mit dem Sonntag Judika. Wie dieser tragen alle Passionssonntage klangvolle lateinische Namen, die dem jeweiligen Leitvers entnommen sind: Estomihi = *Sei mir* ein starker Fels (Psalm 31,3b; letzter Sonntag der Vorpassionszeit); Invokavit = *Er ruft mich an* (Psalm 91,15; 1. Sonntag der Passionszeit); Reminiszere = *Gedenke*, Herr, an deine Barmherzigkeit (Psalm 25,6); Okuli = *Meine Augen* sehen stets auf den Herrn (Psalm 25,15); Lätare = *Freue dich* (Jesaja 66,10, gelegentlich auch „Kleines Ostern" oder „Rosensonntag"); Judika = *Richte mich*, Gott (Psalm 43,1). Mit Palmarum („Palmsonntag"; Johannes 12,13) beginnt die Karwoche (Kara = althochdeutsch: Trauer, Klage, Sorge).

Am Gründonnerstag (Farbe: weiß; der Name kommt von althochdeutsch greinen = weinen) gedenkt die Kirche der Einsetzung des Abendmahles. In der alten Kirche bereiteten sich die Büßer seit Invokavit auf der Wiederaufnahme in die Kirche am Gründonnerstag vor.

Der Karfreitag (Farbe: schwarz) stellt die Kreuzigung Jesu vor Augen; nach der Todesstunde schweigen Geläut und Orgel über den Karsamstag (stiller Sonnabend) bis zur Osternacht. Seit dem 17. Jahrhundert gilt der Karfreitag auch in den Kirchen der Reformation als der Höhepunkt der Passionszeit.

„Opfer müssen gebracht werden", wie leichtfertig sagen wir das dahin. So, als sei das nur eine kleine Härteübung, um hernach die Früchte unserer Anstrengungen umso mehr genießen zu können. Während die mediale Präsenz von Todesopfern die einen eher stumpf macht, scheint bei anderen die Hemmschwelle zu sinken.

Aber auch dort, wo wir allzu bereitwillig der modernen Unterscheidung von Opfern und Tätern folgen, kommen wir dem versöhnenden Lebensopfer Jesu noch nicht auf die Spur. Womöglich verschließt uns dieses „reizvolle" Schubladenkonstrukt den Werkraum des Kreuzesgeschehens mehr, als es einen Zugang schafft.

In der Opferrolle empfindet sich heute nahezu jeder, der sich benachteiligt fühlt. Mit dem Etikett des Opfers machen wir auf uns aufmerksam, auch interessant. Zeitungen berichten von Opfern sexistischer Beleidigung, von Mobbingopfern am Arbeitsplatz. Rentner und Patienten sind Opfer staatlicher Sparmaßnahmen, Alkoholiker Opfer unglücklicher Biografien, Arbeitslose Opfer von Missmanagement. Raumopfer sind neuerdings die, die in strukturschwachen Regionen leben.

Wenn Deutsche heute leiden, sind sie grundsätzlich Opfer. Jede Diskriminierung wird von der Klage zur Anklage erhoben. Dabei scheint die Kunst darin zu bestehen, Gleichbehandlung zu fordern und dennoch in der Opferrolle zu verharren. Denn nur sie sichert die gewollte Aufmerksamkeit und Anteilnahme. Der moderne Opferstatus entlastet zudem; Schuld und Verantwortung sind schließlich außerhalb der eigenen Person angelegt. Damit rechtfertigen wir uns und klagen diese Rechtfertigung womöglich auf dem Instanzenweg ein.

Wirkliche Opfer sind stumm. Sie sind wehrlos, ausgeliefert, so verstört und beschämt, dass sie nicht für sich selbst eintreten können. Sie sind darauf angewiesen, dass andere für sie eintreten, ihnen Sprache geben. Wie sonst auch Eltern für ihre Kinder, Betreuer für Behinderte, Ärzte für Patienten – mit ihrer ganzen Person, aber eben stellvertretend – einzustehen und womöglich zu entscheiden haben.

Auch im biblischen Sinne ist das Opfer Gabe, selbstlose und vor allem schmerzvolle Hingabe. Dabei erleidet der Sohn Gottes beides: Er kann nicht für sich selbst eintreten, tut das aber für uns Menschen. Vor Gott steht er für uns gerade – welch fremder Gedanke für unser ausgeprägtes Selbstbewusstsein. Wir pflegen uns selber zu vertreten. Wir machen das unter uns ab, suchen Anerkennung und fürchten Ablehnung allein vor dem Forum menschlicher Instanzen. Wen wundert's, dass die Anstrengung, sich hier zu behaupten und selbst wert zu achten, uns zuweilen überfordert.

Welches Glück läge darin, mit Gott und der Welt eins zu sein, einverstanden mit sich selbst, versöhnt mit der vorläufigen Gebrochenheit unseres Daseins – weil alles Fragmentarische aufgehoben ist im Eintreten eines anderen für mich.

Fragmentarisch, abwechslungsreich sind übrigens auch die biblischen Stimmen, die dem Lebensopfer Jesu Sprache geben: Stellvertretung, Hingabe, Sühne, Freikauf, Opferlamm. Gemeinsam ist diesen unterschiedlichen Deutungen, dass sie nur einander ergänzend den Werkraum bilden, in dem unsere Gebrochenheit ernst genommen wird.

Heilung freilich, die auch meine Schuld im Schalom Gottes birgt, suche ich nicht in einem Raum, der sich dunkle, unaufgeräumte Ecken vorbehält. Wie umgekehrt ein Stellvertreter, der sich selbst nicht ganz hingibt, dem dabei Genugtuung oder die eigene Bedeutsamkeit wichtig bleibt, den Namen Heiland nicht verdient. Das Lebensopfer Jesu trägt wohl nur, wenn es frei ist von heimlichen oder unheimlichen Motiven. Genau darin aber macht mich der Tod Jesu staunen: Sollten wir wirklich so liebenswert sein, dass einer uns deckt mit der Hingabe seines ganzen Lebens?

Der mir im Namen Gottes sagen lässt: Komm, ich stehe für dich ein, trotz alledem.

Ostern

FARBE: WEISS. Ostern ist das älteste und höchste Fest der Christenheit. Auf die 40-tägige Fastenzeit folgt nun die 50-tägige Freudenzeit bis Pfingsten. Ähnlich dem „Sonntag" hat man merkwürdigerweise keinen christlichen Namen gefunden. Lange wurde angenommen, der Begriff gehe auf die angelsächsische Frühlingsgöttin Eostro zurück, wahrscheinlicher ist aber die Ableitung von der Morgenröte (griechisch: eos), also dem „Osten" als der Himmelsrichtung, in der die Sonne (als Symbol für Christus) aufgeht. Obwohl schon im 2. Jahrhundert als Jahresfest gefeiert, gab es heftige Auseinandersetzungen um ein verbindliches Datum. Durchgesetzt hat sich seit dem Konzil von Nizäa 325 der erste Sonntag nach dem Frühlingsvollmond nach dem 21. März. Daher variieren die Dauer der Epiphanias- und Vorpassionszeit sowie die Zahl der Sonntage nach Trinitatis.

Das Fest beginnt mit der Osternachtfeier als der Mutter aller nächtlichen Gottesdienste. In ihr wird die Wende von der Dunkelheit zum Licht als Freude über die Auferstehung gefeiert. Die Osternachtfeiern mit ihrer reich gestalteten Liturgie und ortsbezogenem Brauchtum (Gewänder, Osterkerzenrituale, Osterfeuer und -frühstück) zählen vor allem in den orthodoxen und der katholischen Kirche zu den eindrucksvollsten Gottesdiensten. Nicht nur am ursprünglichen Taufsonntag am Ende der Woche nach Ostern (Quasimodogeniti, der Taufgewänder wegen auch „Weißer Sonntag" genannt) werden Erwachsene getauft, sondern zunehmend auch wieder in der Osternacht.

Auch die Sonntage der österlichen Freudenzeit tragen lateinische Namen: Quasimodogeniti = *Wie die neugeborenen Kinder* (1. Petrus 2,2); Miserikordias Domini = die *Güte des Herrn* (Psalm 33,5; auch „Hirtensonntag"); Jubilate = *Jauchzet* (Psalm 66,1); Kantate = *Singet* (Psalm 98,1a); Rogate = *Bittet* (Johannes 16,24; auch „Missionssonntag"); *Exaudi = Höre*, Herr (Psalm 27,7).

Die Tradition der Ostereier geht auf das Ei als Symbol für Geburt und Leben zurück. Der Hase, (Attribut aller Mondgottheiten wie auch der Frühlingsgöttin Eostro) symbolisiert die Morgendämmerung und neues Leben. Auch weil man glaubte, er schlafe nicht (der Hase hat keine Augenlider), sah man in ihm ein Symbol der Auferstehung vom Tod als „des Schlafes Bruder".

„Ich sehe was, was du nicht siehst" – wer kennt nicht diese wunderbare Aufregung, etwa wenn beim Ostereiersuchen ein Nest einfach nicht entdeckt wird. Kinder nehmen wir dann an die Hand. Nicht weniger aber bedarf das Sehen der Erwachsenen einer kundigen Hinführung.

Ich sehe den Wald vor lauter Bäumen nicht – unter der Anleitung eines Försters lerne ich kranken vom gesunden Maiwuchs zu unterscheiden. Mein Röntgenbild scheint mir zunächst nur schwarz-weiß – erklärt ein Arzt es mir, sehe ich viel plastischer. Zu welchen Entdeckungen kann uns etwa in einer Galerie alter oder neuer Meister ein geschickter Kunsthistoriker verhelfen.

Und Ostern – was sehen wir da? Natürlich den wunderbaren Aufbruch der Natur. Mit allen Sinnen nehmen wir wahr, wie aus Totgeglaubtem Neues wächst. Vielleicht haben wir sogar schon beobachtet, wie sich aus einer Raupe ein Schmetterling entpuppt. Aber wie ein Toter zu neuem Leben erwacht, sehen wir nicht. Mit solcher Klarsicht verwöhnt uns Gott (jedenfalls vorerst) nicht. Im Blick auf die Auferstehung bleiben wir angewiesen auf die behutsame Hinführung durch biblische Zeugen. Was aber zeigen sie uns?

Die Frauen vor der dunklen Höhle des Grabes sehen ja auch nur schwarz. Der Tränenschleier vor ihren Augen legt sich über alle Sinne. Einen Gärtner glaubt Maria Magdalena vor sich zu haben. Auch die Emmausjünger klagen ihr Leid einem Fremden. Auf ihrem Nachhauseweg laufen sie sich frei, noch „aber wurden ihre Augen gehalten, dass sie ihn nicht erkannten" (Lukas 24,16). Indem sie aber zu erzählen beginnen, „brannte ihr Herz".

Nichts reinigt mehr als brennender Schmerz. Erst wenn die Tränen geronnen sind – Kristallen gleich –, sehen wir anders – und anderes. So unterschiedlich die Erzählungen der Zeugen sind – alle erkennen den Auferstandenen im Augenblick der Anrede. Nie ist es ein Begreifen durch Anfassen, immer ein Durch-Sehen mithilfe anderer Sinne. Mit den Ohren sehen die Zeugen zuerst, so wie wir als Fußgänger im Straßenverkehr den hinter uns kommenden Lastwagen „sehen" oder wie unter dem bestimmten Tonfall einer Stimme im Radio in uns ein Bild entsteht.

Das Erkennen der ersten Zeugen muss also gar nicht als ein Spezialfall begriffen werden, der uns ausschließt. Was von ihnen berichtet wird, sind Ur-Kunden des Glaubens. Wie jedes Zeugnis lässt sich diese „Ur-Kunde" vervielfältigen. Im 1. Korintherbrief (Kapitel 15,3-8) erzählt Paulus von einer solchen Vervielfältigung, am Ende beglaubt er das Zeugnis selbst. Persönlich beglaubigt lassen sich dann wohl auch die Vervielfältigungen in unserem Leben vom originalen Zeugnis kaum noch unterscheiden.

1924 notierte Ernst Barlach einmal: „Gott ist nicht überall ... Er verbirgt sich hinter allem und in allem sind schmale Spalten, durch die er scheint und blitzt. Ganz dünne, feine Spalten, so dünn, dass man sie nie wiederfindet, wenn man nur einmal den Kopf wendet."

Ohne den durch die Ritzen scheinenden Gott wäre Ostern nicht zu glauben. Sehen will gelernt sein. Manchmal muss man die Augen dazu sogar schließen. Aber wenn schon ein Kind fragen kann: „Papa, wie kommt es, dass die ganze Welt in meine Augen passt?", wie sollte es uns dann verborgen bleiben, was da hinter den Mauern des Todes aufleuchtet?

„Ich sehe was, was du nicht siehst" – dieses Spiel wird unversehens österlich, weil Gott sich selbst gern daran beteiligt. Als „Liebhaber des Lebens" (Weisheit 11,26) hat er ja nicht weniger Freude daran, uns die Augen zu öffnen dafür, was dahinter liegt.

Himmelfahrt

Farbe: weiss. Der Apostelgeschichte (1,3) folgend feiert die Kirche das Fest (seit 370 infolge des Osterfeststreites) 40 Tage nach Ostern. Symbolisch wird die Osterkerze nach der Lesung des Evangeliums gelöscht, um das Scheiden Christi von der Erde und sein Aufgehobenwerden in den Himmel deutlich zu machen.

Die Apostelgeschichte veranschaulicht das allgemeine apostolische Zeugnis der „Erhöhung" sehr bildhaft. Dem Glaubensbekenntnis entsprechend („er sitzt zur Rechten Gottes"; vgl. Markus 16,19) gilt das Fest der „Thronbesteigung Christi".

Zum „Vatertag" wurde das Himmelfahrtfest erst nach Einführung des „Muttertages" 1908. Kirchliche Flurprozessionen (später wurden daraus die „Herrenpartien") gehen möglicherweise auf einen germanischen Brauch zurück, nach dem jeder Grundherr jährlich einmal seine Fluren umgehen musste, um den Besitzanspruch aufrechtzuerhalten.

„Im Grunde nimmt man jeden Tag von irgendetwas Abschied, ohne es zu wissen." (Lion Feuchtwanger) Treten Abschiede freilich in unser Bewusstsein, erscheint nicht nur die Vergangenheit in einem anderen Licht. Dieses Licht durchleuchtet auch die Gegenwart, anders als vorher.

Ein seltsamer Gewinn ist das. Abschiede bedeuten wohl Schmerz, aber nicht immer Leere und Verlust. Nicht immer ist die Nähe eines Menschen abhängig vom Ort seines Aufenthaltes. Was beschäftigen uns Menschen, die gar nicht da sind! Im Guten wie im Bösen. Abwesenheit ist manchmal die intensivste Form der Anwesenheit. Je länger wir allein sind, umso mehr. Auch die empfundene Zuneigung kann mit der Entfernung steigen.

Lebt das starke Bild der Himmelfahrt Jesu womöglich auch von dieser Erfahrung? Sicher, das Denken in den Stockwerken des babylonischen Weltbildes ist uns fremd geworden. Unserem Empfinden nach aber ist – Kopernikus zum Trotz – der Himmel noch immer oben.

Als einziger Zeuge des Neuen Testamentes hat der Verfasser der Apostelgeschichte das Geschehen nicht nur präzise terminiert (40 Tage nach Ostern), sondern auch Jesu „Aufgehobenwerden in die Wolken" (Apostelgeschichte 1,9-10) so plastisch erzählt, als hätte er eine Kamera dabei. Malern und modernen Filmemachern bot das fantasievolle Vorlagen. In manchen Kirchen finden sich an der Decke noch Stuckwolken, aus denen nackte Füße hervorlugen. Freude am Zoomen in umgekehrter Richtung weckt heute Google Earth – wer wollte also naserümpfend die Lust am Anschaulichen verunglimpfen? Unser Verstehen bedarf der Bilder.

Dennoch ist dem Theologen Karl Barth wohl zuzustimmen, der mit spitzer Feder bemerkt: „Es hat keinen Sinn, sich das Ereignis ... in Gestalt einer Art Freiballonfahrt anschaulich machen zu wollen; was die christliche Kunst in dieser Hinsicht geleistet hat, gehört zu dem Schlimmsten, was sie auch sonst noch auf dem Gewissen hat."

Behutsamer hat es der Evangelist Johannes formuliert, auch hier in einem Abschiedswort: „Wenn ich er-

höht werde von der Erde, will ich alle zu mir ziehen."
(Johannes 12,32)

Erhöhungen haben Anziehungskraft. Magnetisch
ziehen sie uns an. Wie Landschaften oder „Prominenz"
(lateinisch „der Vorsprung", „Vorgebirge") ziehen uns
auch Menschen an. Oder sie stoßen uns ab, manchmal
beides in einem. Bewunderte leben von Bewunderern,
sei es in der Hoffnung, inspiriert zu werden oder selbst
etwas von ihrem Glanz abzubekommen.

Ist der erhöhte Christus darum so wenig anziehend,
weil er ans Kreuz genagelt ist? Das Bild ist ein seltsamer Triumph – ohne Majestät, ohne Schönheit. Seine
Teilhabe an der lichten Machtfülle „zur Rechten Gottes" ist unseren Augen entzogen. Darin jedenfalls behält auch die Apostelgeschichte recht: Himmelfahrt
bedeutet nicht, dass wir uns im Licht des Himmels
schon einmal umsehen könnten. Ein Schaden ist das
freilich nicht. Als Erwartende sind wir stärker als im
Haben.

Und angezogen zu werden bedeutet ja nicht, blind
zu glauben. Wie nach jedem Abschied das Bild eines irdischen Menschen in einem anderen Licht erscheint, so
auch hier: Der erhöhte Christus versetzt den irdischen
Jesus in ein anderes Licht. Sich danach auszustrecken
stemmt unsere Füße umso fester auf die Erde.

Gleichnishaft hat das dic französische Philosophin
Simone Weil an einem Baum deutlich gemacht: „Einzig
das Licht, das fortwährend vom Himmel strahlt, liefert
dem Baum die Energie, die tief in die Erde mächtige
Wurzeln senkt. Der Baum ist in Wahrheit im Himmel
verwurzelt."

Zweifach verwurzelt auch wir? Das Bild der Himmelfahrt reicht so weit. Denn, so fährt Simone Weil fort, „nur was dem Himmel entstammt, ist geeignet, der Erde wirklich ein Zeichen aufzuprägen."

Pfingsten

FARBE: ROT. Im jüdischen Festkreis ist dieser Tag das Wochenfest, an dem Erntedank gefeiert (2. Mose 23,16 und 34,22) und zugleich der Gesetzgebung am Berg Sinai gedacht wird. Es wurde sieben Wochen (hebräisch: Schawuot), also 50 Tage nach Ostern (Passa) mit einer Wallfahrt zum Tempel begangen. Analog feiert die Kirche (nach Apostelgeschichte 2,1) 50 Tage nach Ostern „Pfingsten". Der Begriff ist eine Ableitung vom griechischen „Pentekoste" = 50 Tage.

Auch das christliche Pfingstfest hat zwei Motive: die Ausgießung des Heiligen Geistes und der damit verbundene „Geburtstag" der Kirche. Ebenfalls in zwei Bildern wird die Übertragung des Geistes Gottes vorgestellt: im Bild des Windes und der Feuerzungen (2. Mose 19,18; Apostelgeschichte 2,2-3). Seit dem Konzil von Nicäa 325 wird der Heilige Geist als Taube dargestellt, vorher als Frau (Hagia Sophia).

Aus der wohl auch zum jüdischen Wochenfest gesungenen Dankliturgie des 118. Psalms wurde der Brauch übernommen, junge Birken aufzustellen: „Schmückt das Fest mit Maien bis an die Hörner des Altars" (Vers 27).

Trost – das wohl kostbarste Gut, das uns bewahrt vor den Abgründen der Hölle. Wie warme Tücher birgt er vor dem Erfrieren im Dasein. Trostlosigkeit dagegen ist ein Schmerz, der schlimmer nicht sein kann. Wohl und Wehe unseres Lebens hängen davon ab, ob wir getröstet leben und sterben dürfen.

„Heilige Glut, süßer Trost" (Evangelisches Gesangbuch 125,3) – Luther wird nicht müde, dieses kostbare

Gut herbeizusingen. „Du höchster Tröster in aller Not, hilf, dass wir nicht fürchten Schand und Tod, dass in uns die Sinne nicht verzagen ..." (Evangelisches Gesangbuch 124,4) – wer ahnte nicht, was solcher Trost bedeutet.

Trost ist mehr als augenblickliches Glück. Trost ist auch wichtiger als die Antwort auf quälende Fragen, etwa auf die nagende Sinnfrage. Trost ist Erlösung, eine Erlösung, die keine Fragen mehr stellt, die still werden lässt. Wie ein Kind, dessen bebendes Schluchzen immer mehr abebbt, bis es in den Armen der Mutter ganz zur Ruhe kommt. „Fürwahr, meine Seele ist still und ruhig wie ein kleines Kind bei seiner Mutter" (Psalm 131,2). Wer sich so aufgehoben weiß, fragt nicht mehr nach dem Sinn, auch nicht nach den Ursachen des Bösen. Aus der Welt ist es damit freilich noch nicht.

Das „Heile, heile Segen ..." ist eine Augenblickserfahrung. Sie entlässt das Kind, dessen Knie eben noch geblutet hat, in eine Welt, die künftig mehr noch seine Seele verletzen wird. Der Bedarf an Trost wird jedenfalls im Erwachsenwerden – oder gar im Alter – nicht geringer.

Jedes Stolpern, jedes Fallen, das wachsende Konto unserer Enttäuschung, die Vergeblichkeit unseres Bemühens, all das offenbart manchmal erst so richtig, wie trostlos sich das Ganze unserer Welt ausnimmt.

Gleich einem Kind, das am Wochenende schon den Montag fürchtet oder sich vor der Dunkelheit ängstet, macht uns dann die vage Brüchigkeit unseres Daseins zu schaffen, jene schwer greifbare Bedrohung, die uns oft viel hilfloser macht als ein handfestes Malheur, das sich ja wenigstens behandeln lässt.

Sicher, wir haben gelernt, Strategien dagegen zu entwickeln, Trostpreise zu erfinden, die wir uns dann selber gönnen. Und diese sind ja auch nicht alle schlechtzureden: „Zeit heilt Wunden", sagen wir zum Beispiel und in der Regel stimmt das auch.

Musik tröstet, Schreiben. Oder wir trösten uns mit einem guten Essen, von Schokolade oder einem Glas Wein ganz zu schweigen. Auch etwas Neues einzukaufen kann durchaus trösten.

Im Englischen bedeutet „Komfort" interessanterweise „Trost, Beruhigung". Darin steckt das lateinische „fortis", also das, was stark und sicher ist. Komfort ist wahrlich nicht nur Bequemlichkeit, sondern auch Halt.

Nur: Die Halbwertzeit solchen Trostes kennen wir auch. Manchmal ist der Komfort nur ein Trostpflaster, das den Schmerz allenfalls momentan zurückdrängt. Die Befriedigung unserer Bedürfnisse ist noch keine Befriedung unserer Seele. Ihre geängstete Trostlosigkeit, dieser unter die Haut dringende Weltschmerz, der uns die Rätsel unseres Lebens so schwer auflegt, ist nicht mit einem Über-den-Kopf-Streicheln oder dem kühlenden Über-die-Wunde-Blasen durch die Mutter zu erledigen.

Was aber tröstet uns dann, wenn wir den Eindruck haben: Ich bin der Welt nicht mehr gewachsen? Wenn die innere Zerrissenheit nicht von selber heilen will? Wer oder was bringt uns zur Ruhe – wie einst das Lied der Mutter „Breit aus die Flügel beide ..."? Gelingt das dem Apostel, der einem Stoßseufzer gleich zu singen weiß: „Gelobt sei Gott, der Vater der Barmherzigkeit und Gott allen Trostes, der uns tröstet in aller unserer Trübsal" (2. Korinther 1,3)?

Wie in einem Duett ergänzen und überkreuzen sich hier beide Formulierungen: Die eine Stimme – *Vater der Barmherzigkeit* – ist wohl eher eine Frauenstimme. In ihr schwingt jedenfalls mehr Mütterlichkeit mit, als der Vaterbegriff nahelegt. Denn Barmherzigkeit ist im Hebräischen der Bauch, die Gebärmutter, der bergende Schoß. Diese Stimme hat zum Beispiel Jesaja, der große Tröster des Alten Testamentes, dem Volk Israel, das endlich nach Hause zurückkehren darf, so zum Klingen gebracht: „Freuet euch, nun dürft ihr saugen und euch satt trinken an den Brüsten ihres Trostes ... Denn so spricht der Herr: Ihre Kinder sollen auf dem Arme getragen werden und auf den Knien wird man sie liebkosen. Ich will euch trösten, wie einen seine Mutter tröstet." (Jesaja 66,11-13)

Die väterliche Stimmlage schafft sich eher in der zweiten Formulierung Gehör, dem *Gott allen Trostes*. Denn das Wort „Trost" bedeutet hier (ähnlich dem „Tröster" im Johannesevangelium, lateinisch „Advokat") Rechtsbeistand und Ermahnung zugleich.

Immer sind in der biblischen Bedeutung des Wortes „Trost" beide Stimmlagen verbunden: Barmherzigkeit *und* Ermahnung, Entbindung *und* Bindung, Stillen *und* Stärken, Fördern *und* Fordern. Das setzt sich auch im deutschen Wort „Trost" fort: Trauen und Treue sind darin enthalten, also das, was festhält *und* festmacht.

Gott in seiner mütterlichen und väterlichen Fürsorge zu erfahren gelingt freilich nicht, wenn wir die Stillung unserer Not durch Betäubung suchen. Nur wer ihm mit dem Schrei seiner Trostlosigkeit in den Ohren liegt, wird den „Gott allen Trostes" auch erfahren – im heilenden Vergehen der Zeit, in der Musik oder in menschlich vermittelter Seelsorge. Und dann auch selbst trösten können.

Die pfingstliche Bitte um Trost ist also nicht auf Zupflastern aus. Sie ist ein Ruf in die Verantwortung angesichts der heillosen Verletzungen des Lebens. Der Religionsphilosoph Hans Jonas konnte darum sagen: „Ein weinendes Kind ist der Beginn aller Ethik." Nicht die Krisen unserer Zeit, nicht die Bedrohung durch Technik, der Klimawandel oder finanzielle Desaster – all das kann sehr wohl Ausdruck unserer Trostlosigkeit sein und also Anlass zum Trösten.

Aber der Quellgrund aller Verantwortung sind die Tränen eines Kindes, eines jeden Kindes, das dem Leiden am Dasein hilflos ausgeliefert ist. Wenn wir uns davon anrühren lassen, dann hat uns Gottes Geist erwischt. Oder wir haben ihn erhascht? Denn am spürbarsten erfahren wir ihn dort, wo wir ihn als „Gott allen Trostes" in unserem Miteinander Raum geben.

Trinitatis

Kurz (als Genitiv von trinitas = Dreizahl) bedeutet der Sonntagsname: „Der Dreieinigkeit". Der Kirchenvater Tertullian fügte auf diese Weise die lateinischen Worte „tri" und „unitas" zusammen: „Drei in Einheit".

Das Fest ist einerseits dem Glaubensbekenntnis gewidmet, das schon seit dem 2. Jahrhundert entsprechend den neutestamentlichen Formeln (Matthäus 28,19; 2. Korinther 13,13; 1. Petrus 1,2) dreigliedrig angelegt ist (als Bekenntnis zu Vater, Sohn und Heiligem Geist). Anderseits sucht der Sonntag das Geheimnis zu verehren, dass ein altes Bekenntnis (Athanasianum) so formuliert: „Das ist der katholische Glaube, dass wir den einen Gott in der Dreiheit und die Dreiheit in der Einheit verehren." Dieses Bekenntnis war das Ergebnis schwerer Auseinandersetzungen der Kirchen und ihrer Lehrer um das Verhältnis der drei Personen. 1334 wurde das Fest von Papst Johannes XXII. verbindlich eingeführt; bis dahin galt Pfingsten als Fest der Heiligen Dreifaltigkeit.

Während die reformatorischen Kirchen, die es als eigenständiges Fest eine Woche nach Pfingsten beibehalten haben, die nun folgenden Sonntage numerisch „... nach Trinitatis" zählen, hat die katholische Kirche mit dem 2. Vatikanischen Konzil die Zählung vom Montag nach Pfingsten bis zum 1. Advent als „Zeit im Jahreskreis" wieder aufgenommen. Auch den orthodoxen Kirchen gilt das Pfingstfest selbst als Fest der Dreifaltigkeit.

Kühn, fast arrogant bezeichnet sich der *homo* als *sapiens,* als weiser, vernünftiger Mensch. Dabei gleicht „ein intelligenter Mensch, der stolz auf seine Intelligenz ist, einem Verurteilten, der stolz darauf ist, in einer größeren Zelle zu leben" (Simone Weil). Trotz – oder gerade wegen dieser Gefangenschaft denkt indessen jeder Mensch unaufhörlich. Keiner unweise, ob Kind oder Gelehrter, überragend wie Newton oder geistig debil. Nur stoßen alle früher oder später an die Grenzen ihres Denkens.

Das mag uns ratlos, womöglich traurig machen (Friedrich Wilhelm Schelling), aber auch staunen. Denn nichts ist verschwenderischer als unser Denken. Das meiste davon geht verloren, weil wir es nicht zur Sprache bringen oder unglücklich an deren dumpfe Wände stoßen. Wir können aufhören zu atmen, nicht aber zu denken. Es ist nicht abzustellen, nicht einmal im Schlaf. Unaufhörlich, wie das angestrengte Buchstabieren des Unsagbaren, arbeitet es sich an den Grenzen des Undenkbaren ab.

So bedacht, sind Dogmen nur ein verdichtetes Stammeln, ein Buchstabieren, das vorsichtig anklopft. Als verweisende Geste, die auf das Unnennbare hinzeigt, lädt das trinitarische Dogma mehr ein zur Betrachtung als zum Verstehen. So wie der Klang einer Musik Räume transparenter werden lässt. Oder wie man manchmal ein Bild aus einem angemessenen Abstand lange betrachten muss, ehe es zu reden beginnt.

„Heilig, heilig, heilig", rufen darum die Seraphim (fortgesetzt in unserer Abendmahlsliturgie) einander zu und bedecken sich selbst mit ihren sechs Flügeln. Und damit auch Gott, der unsichtbar auf einem erhabenen Thron nur erahnt wird (Jesaja 6,1ff.).

Heiligkeit gebietet Distanz. Wir halten uns in merkwürdigen Zusammenhängen daran. Was mir heilig ist, will ich nicht angetastet wissen. „Bitte Abstand halten" – solche Altarplätze, die mit dem Hinweis auf Diskretion geschützt werden, finden sich heute eher in Banken oder Museen. Immerhin, die Ahnung, dass es Tabus gibt, dass Heiliges wie der brennende Dornbusch Unnahbarkeit – oder zumindest das Ablegen der Schuhe – gebietet, ist nicht verloren gegangen.

Wir ahnen also nur, was sich hinter dem trinitarischen Dogma verbirgt. Vermutlich aber flammende Lebendigkeit. Auch Gott kann und will offenbar nicht allein sein. Wäre Gott jener Einsilber, der keine Einsamkeit, keinen Schmerz und so auch keine Liebe empfände, wäre er ein leidenschaftsloser Monarch.

Wie jede Person haben wir ihn aber nur so, wie er sich zeigt: nämlich in unterschiedlichen, aber aufeinander bezogenen Rollen – als Vater, als Sohn, als Heiligen Geist. Das lateinische *persona* meint ursprünglich die Maske, durch die etwas hindurchtönt. Im Griechischen ist *prosopon* der Hinblick. Wenn wir von uns aus also hinblicken auf das, was da hindurchtönt, nehmen wir eine spannungsvolle Identität wahr, eine Gemeinschaft Unterschiedener, die sich nicht widersprechen – sondern entsprechen. Im trinitarischen Geheimnis vernehmen wir den Logos als Dia-Logos.

Rufen wir den dreieinigen Gott an, beten wir also in ein untrennbares Geschehen hinein. Welchen Zugang wir mit unserer Anrede wählen, entspricht eher unserer mitgebrachten Prägung. Aber dass wir hinter den Flügeln der Seraphim oder eben hinter den Grenzen unseres Denkens dieses lebendige Geschehen anreden dürfen, das macht es erträglich, an diesen Grenzen halt zu machen – und zu warten, zu warten, ob Gott uns selber von dort her erleuchtet und entflammt.

In diesem Sinne hat der Kirchenvater Tertullian um 200 dem inneren Verhältnis der Trinität sehr bildhaft folgende Außenwirkung zugeschrieben: Vater und Sohn verhalten sich zueinander wie Wurzel und Stamm. Der Geist als Dritter ist dann die Frucht aus der Wurzel am Stamm. Oder in einem zweiten Bild: Vater und Sohn verhalten sich wie Sonne und Strahl. In diesem Bild ist der Heilige Geist die (pfingstliche) Flamme, die aus der Sonne und ihrem Strahle kommt.

So gilt wohl auch für das Geheimnis des Dreimal-Heilig: „Schmeckt und seht, wie freundlich der Herr ist."

Johannis

FARBE: WEISS. Das Datum wurde nach der Angabe des Luka-
sevangeliums (1,26-38) von der Geburt Jesu her (drei Monate
nach Mariä Verkündigung und sechs Monate vor Weihnachten) errechnet. Analog zur Wintersonnenwende am 25. Dezember wurde so die Sommersonnenwende am 24. Juni zum
„Tag der Geburt Johannes des Täufers". In Verbindung mit
dem Täuferwort „Er (Christus) muss wachsen, ich aber muss
abnehmen" (Johannes 3,30) kommt sinnfällig so der Scheitel-
punkt des Jahres – sein längster Tag – in den Blick.

Als Mittsommerfest entwickelte sich ein ausgeprägtes
(heidnisches) Brauchtum vor allem um die Johannisnacht (vom
23. zum 24. Juni): Johannis- oder Sonnwendfeuer, um die man
tanzt oder Strohpuppen hineinwirft (zum Zeichen der Abwehr
von Unglück); Johanniskrone oder Lostag (am Wetter orientier-
te Bauernregeln); selbst Pflanzen und Tieren hat er seinen Namen gegeben (Johanniskraut und -beere, Johanniskäfer =
Glühwürmchen). Kirchlich wird der prophetischen Gestalt des
Johannes, dem auch der 3. Advent gewidmet ist, in der Regel
in Andachten auf den Friedhöfen gedacht.

Auf der Höhe zu sein tut wohl: gesundheitlich, gar im
Zenit der Kräfte, landschaftlich oder auf der Höhe der
Zeit. All das ist Sommer. Wie kaum eine Jahreszeit lädt
der Sommer uns ein zum Ausgehen und Stehenbleiben:
„Geh aus mein Herz und suche Freud" (Evangelisches
Gesangbuch 503). Ausgehen und Stillstand fallen hier
in eins. Nicht aufhören möchte das Glück eines solchen
Sommerspaziergangs mit Paul Gerhardt, der den Lied-

text im 17. Jahrhundert gedichtet hat. Als stünden alle Zeiger still, notierte Max Frisch denn auch einmal: „Der Frühling ist Werden, nichts als Werden – der Sommer ist Zustand: man liegt unter einem grünen Baum ... und fragt nicht, was war, und nicht, was sein wird ... Der Sommer ist fraglos, wie Liebesglück, er ist die Fülle, die in sich selber ruht, die einfach da ist ... als wäre es ewig."

Es scheint indessen gerade dieser Zustand auf der Höhe, der uns wie auf einem stillen See dessen dunkle Tiefe ahnen lässt. Und so mag sich gerade in den geheimnisvoll durchleuchteten Mittsommernächten jener erste Hauch von Wehmut einstellen. Während Glühwürmchen vom unmerklich, aber unaufhaltsam abnehmenden Licht künden, streicht die Ahnung vom Abnehmen unserer Kräfte wie ein dunkler Vogel über den Himmel.

Die alte Kirche hat dieses Empfinden aufgenommen, indem sie das Zeugnis des Täufers über Christus (und damit auch über sich selbst) verbunden hat mit dem kalendarischen Zenit: „Er muss wachsen, ich aber muss abnehmen." (Johannes 3,30)

Mitten auf der Höhe des Jahres, genau sechs Monate vor der Geburt Christi, im gleißenden Licht des Sommers, schweift unser Blick in die Tiefen der dunklen Jahreszeit und gemahnt uns so an eine der schwersten Aufgaben: loszulassen und, schwieriger noch, abzusehen von uns selbst.

Gewöhnlich sträuben wir uns hier. Schon körperlich. Die muskulösen Anleitungen mancher Fitnessideologen suchen das Abnehmen der Kräfte Lügen zu strafen. Unverwüstlich scheint die Überzeugung, dass es ohne Wachstum nicht geht. Vor allem wirtschaftlich versteifen wir uns auf das Versprechen, die Ehe von Wohlstandswachstum und Demokratie sei unverbrüchlich. Indessen wird sie sich, nicht anders als wir selbst, womöglich gerade darin zu bewähren haben, ob sie auch ohne Wachstum elastisch bleibt.

Die Kunst solchen Einverständnisses ist keinem von uns leicht: sich selbst zurückzunehmen, einverstanden zu sein, wenn unser Einfluss auf Kollegen, auf Kinder und Enkel, auf die kleine und große Politik abnimmt. Oder wenigstens das Wachstum derer, die neben und nach mir heranreifen, nicht zu an mich zu binden.

Gelingen kann das offenbar nur, wenn die Botschaft des Johannistages vom Wachsen und Abnehmen nicht linear verstanden wird. „Kein Mensch kann sich etwas nehmen, wenn es ihm nicht vom Himmel gegeben ist." So beginnt das Zeugnis des Täufers (Johannes 3,27).

Dieser Fingerzeig gilt der vergessenen Dimension der Höhe. Wir stehen ja in der Gefahr, auch im Geben und Nehmen nur horizontal zu denken. Schon unsere Sprache verrät uns, wenn wir „Fortschritt" suchen, uns „fortpflanzen", um die „Fortschreibung" unserer Geschichte oder unser „Fortkommen" besorgt sind. Selbst das Unter- oder Überlegen (sein wollen) gerät uns allemal nur ebenerdig, also flach.

Diese Verkümmerung ist umso bemerkenswerter, als uns der Sinn für den Raum über uns eigentlich in die Wiege gelegt ist. Mutter und Vater erfährt das Kind als ein Oben, zu dem es aufblickt, noch ehe es laufen lernt. Das Wachsen und Abnehmen übt es mit Bauklötzen, es lässt Türme entstehen, um sie hernach einzureißen, so wie später das Bild der Eltern. Warum eigentlich halten wir das kindliche Aufsehen in „Himmels Au, licht und blau" (Evangelisches Gesangbuch 507) für rührend, aber unerwachsen? Von Friedrich Nietzsche stammt der schöne Satz: „Nicht fort sollst du dich pflanzen, sondern hinauf. Dazu helfe dir der Garten der Ehe."

Abnehmen im Sinne des Johannes hat also nicht nur mit der Bescheidenheit zu tun, weniger werden zu müssen. Es bedeutet auch ein Mehr, ein Mehr freilich, das wir von uns aus nicht zu sein vermögen. Wir erreichen diesen Mehrwert unserer Person nicht dadurch, dass wir uns ständig auf die Zehenspitzen stellen. Selbst wer „auf noch so hohe Stelzen steigt, muss auf seinen eigenen Beinen gehen" (Michel de Montaigne). Offenbar muss jenes von uns aus nicht zu erreichende Mehr uns erreichen. Es bedarf des Leuchtens von oben her.

Wenn aber so der wachsende Christus uns einleuchtet, muss dann unser Abnehmen wirklich nur ein Leiden sein? Der Täufer jedenfalls scheint allen Schmerz in stilles, befreiendes Glück verwandeln zu können: „Diese meine Freude ist nun erfüllt. Er muss wachsen, ich aber muss nicht nur, *ich darf* abnehmen" (Johannes 3,29-30).

Michaelis

FARBE: WEISS. Engel (von griechisch/lateinisch „angelos":
Bote) sind biblisch reich bezeugt, als „Hofstaat Gottes" oder
als Botschafter und Helfer. Im Jahr 493 legte Papst Gelasius I.
das Fest des Erzengels Michael auf den 29. September, später
wurde es auf andere Erzengel ausgeweitet (Gabriel, Raphael,
Uriel). Neben den vielfältigen Erwähnungen im Alten und Neu-
en Testament sowie den Apokryphen haben vor allem der Prophet Daniel (10,13; 12,1) und die Offenbarung des Johannes
(12,7) die Vorstellungskraft vom Erzengel Michael (als Bezwin-
ger des Satans in der Gestalt eines Drachens) geprägt. Schon
früh wird er darum als Hüter des Paradiestores dargestellt.

Als Patron der Kranken und der Soldaten soll er in verschiedenen Schlachten zum Sieg verholfen haben. So wurde
er zum Schutzpatron des Heiligen Römischen Reiches und
später Deutschlands (der Zusammenhang mit dem „Deutschen Michel" ist unsicher). In vielen Städten wurde Michael
darum als Figur aufgestellt oder ins Stadtwappen aufgenommen. Zahlreiche (Michaelis-)Kirchen wurden ihm geweiht, Mi-
chaelsgebete verfasst und Bruderschaften gegründet. In der
christlichen Kunst sind Engeldarstellungen seit jeher ein ebenso beherrschendes wie beeindruckendes Thema.

Wagenburgen haben mich schon als Kind fasziniert.
Mit all den zur Verfügung stehenden Wagen, Zäunen
oder auch mit Bauklötzen haben wir Kinder solche
Umfriedungen gebaut, gleichsam als Schutz, den das
spielende Kind sich selber wünscht. Womöglich emp-
fand der Psalmbeter nicht anders, als er mit seinen

Worten den bergenden Satz baute: „Der Engel des Herrn lagert sich um die her, die ihn fürchten." (Psalm 34,8)

Laut einer Umfrage glauben nur noch 10 Prozent aller Deutschen an einen dreieinigen Gott, fast die Hälfte unserer Bevölkerung aber will sich von einem Schutzengel begleitet wissen. Dass Engel Konjunktur haben, mag eine Marotte sein: In klassischer oder modischer Manier, zunehmend auch witzig, zieren sie Schreibtische und öffentliche Räume, beherrschen das Kunstgewerbe und die Weihnachtsmärkte. Aller Aufklärung zum Trotz: Die Engel sind zurückgekehrt. Welche Behörde hat sie eigentlich wieder zugelassen?

Ist es die Verwaltung unseres Herzens, die dem Gefühl der Ungeborgenheit wachsame Engel vor die Tore stellt? Oder ist es die Schwere des Daseins, jene leise Lähmung, die uns die Flügel hängen lässt? Ist es gemästete Sattheit, die uns das Fliegen hat verlernen lassen? Oder sind es gar gebrochene Flügel, die jeden Versuch, sich zu erheben, mit furchtbaren Schmerzen beantworten?

Engel nehmen sich leicht. Darum können sie schweben. Die Leichtigkeit ist ihnen offenbar aber nur deshalb gegeben, weil sie schwerste Auseinandersetzungen zu bestehen haben. Nicht nur sanft, auch kämpferisch mischen sie sich ein, selbst mit dem Teufel nehmen sie es auf (Matthäus 4,1-11; Offenbarung 20).

An all das erinnert der 29. September, der „Tag des Erzengels Michael und aller Engel". War der Tag zunächst dem germanischen Gott Wotan geweiht, trägt jetzt der biblische Engelfürst im Namen das Programm: „Michael – wer ist Gott gleich".

Wie sich das wechselnde Licht in den geschliffenen Facetten eines Edelsteines geheimnisvoll bricht, so strahlt das Wirken dieser unsichtbaren Boten Gottes in der Bibel alten und neuen Testamentes überraschend variantenreich zurück.

Dennoch – kaum ein Fest im Kirchenjahr ist unauffälliger. Eben wie die Engel selbst. Das politische Tagesgeschehen pulsiert wie immer, unser Tagesablauf ist eher normal. Aber der übersehene Radfahrer? Das Kind, das sich plötzlich von der Hand losgerissen hat, der Tag im Krankenhaus? Geben nicht all diese lautlosen Bewahrungen diesem Tag sein stilles Recht?

Womöglich veranlasst er sogar, ähnliche Briefe wie den jener schwedischen Mutter abschicken zu wollen. Unter der Adresse „An die Engel meiner erwachsenen Kinder" schreibt sie: „Seid ihr immer noch bei ihnen – und habt ihre Wünsche in euren Händen? Wisst ihr etwas von ihrer kampferfüllten Einsamkeit? Und wenn sie euch und das Leben überhaupt ablehnen, wendet ihr euch dann auch ab und grollt ihnen? Sie brauchen euch, mehr noch als damals, als sie klein waren, sie brauchen euch ganz dringend. Denn die Jugend ist die schwerste Zeit. Alles muss eigenhändig geregelt werden, man muss sich freikämpfen, alles selbst durchdenken und von den Engeln will man nichts wissen. Oh, ihr Engel meiner erwachsenen Kinder! Eine Mutter darf nicht länger eingreifen, aber ihr dürft. Ein Vater darf nicht länger Rat geben, aber eure Weisheit kommt von Gott. Bleibt bei meinen erwachsenen Kindern, ihr Engel. Helft ihnen, im Gestrüpp zu wandern und den rechten Weg zu finden, ihren Weg."

Wir brauchen diese Wagenburg. Das Kindergebet

„Breit aus die Flügel beide" ist alles andere als kindisch. Und wer mit den Engeln partout nichts anzufangen weiß, kann sie mit Paulus durch den Begriff „Schalom" ersetzen. Nichts anderes hat er gemeint, als er den Philippern schrieb: „Und der Friede Gottes, der höher ist als alle Vernunft, bewahre eure Herzen und Sinne in Christus Jesus" (Philipper 4,7). Unsere Herzen und Sinne sollen bewahrt, wörtlich also von einem Schutzwall umgeben werden – „einer Wacht".

Den Verstand übersteigt das gewiss. Aber unsere Erfahrung wohl kaum.

Erntedank

FARBE: GRÜN. Erntefeste sind in allen Kulturen bereits in vorchristlicher Zeit belegt. Während es in der Vergangenheit kein festes Datum dafür gab, wird es heute nach einem Erlass des preußischen Königs Friedrich II. von 1773 gewöhnlich am Sonntag nach dem Michaelistag gefeiert. Erntegaben schmücken den Altar und werden in vielen Gemeinden hernach an Bedürftige verteilt. Als Erntedankfest stärkt es nicht nur das Bewusstsein der Abhängigkeit von der Natur; vor allem den Notlagen in der Welt gilt heute die besondere Aufmerksamkeit der Kirchen („Brot für die Welt" u.a.).

Dass unsere Augen mehr vermögen, als nur zu sehen, wissen wir. Augen können forschen. Sie können fordern oder auch zärtlich streicheln. Augen können angeblich nicht lügen. Sie essen mit, sie sind die Fenster unserer Leidenschaft.

Aber dass Augen auch warten können, ist doch eine überraschende Wendung des Gebetes, das wir womöglich mit Heinrich Schütz angerührt singen „Aller Augen warten auf dich, Herr, dass du ihnen Speise gebest zur rechten Zeit." (Psalm 145,15; Evangelisches Gesangbuch 461)

Wie sehen wartende Augen aus? Sind das er-wartungsvolle, hungrige oder gar gierige Augen? Oder zeigen sie sich in einem ab-wartenden, einem satten oder gar stumpfen Blick?

Wartende Augen sind offensichtlich so vielgestaltig wie das Warten selbst. Wir warten gespannt, gelangweilt oder entnervt. Wir warten aber auch sorgfältig prüfend. Im Deutschen doppelsinnig meint Warten auch „in Ordnung bringen". Wir warten das Auto oder den Heizungskessel. Wir kennen den Tank- oder den Notenwart. Das Warten von Industrieanlagen ist Aufgabe ganzer Berufssparten, manchmal unter Einsatz des Lebens.

In diesem Sinne sind wartende Augen also prüfende Augen. Sie gehen einer Sache auf den Grund, sie suchen Fehlerquellen. Weil sie Schlimmes verhüten wollen, sind sie genau, kritisch – wartende Augen sind scharfe Augen.

Die sind auch nötig. Wem würde schon die Fortsetzung des oben genannten Gebetes „du tust deine milde Hand auf und sättigest alles, was da lebet, mit Wohlgefallen" (Psalm 145,16) durch den Sinn gehen, wenn er vor den Kühltruhen der Supermärkte steht? Gerade die Üppigkeit der Angebote trübt den klaren Blick. Sattheit macht nicht nur zufrieden, sondern auch stumpf dafür, dass die Ernährungsfragen nicht nur weltweit höchst bedenklich sind. Auch in unserem eigenen Land wird das Sinken der Armutsgrenze so gut wie möglich unsichtbar gemacht – etwa durch Billigangebote. Es gibt einen Profit an der Armut, den auch die Großanbieter von Ernährungsketten geschickt auszunutzen wissen. Nicht erst Fleischskandale machen das erschreckend deutlich.

Umsonst sind unsere Augen also nicht gefordert. Gleich einem „Achtung!" beginnen entscheidende biblische Worte mit einem „Siehe". Am Ende sind es auch die Augen, die zuerst gerichtet werden: „Herr, wann haben wir dich *gesehen* hungrig und haben dich gespeist?

Wann haben wir dich als Fremdling *gesehen* und dich beherbergt?" (Matthäus 25,37-38)

Nur wer hinsieht, den jammert, was so viel heißt wie „es geht ihm an die Nieren" (Lukas 10,33). Die Eingeweide sind der Ort spontanen Handelns, Wegsehen verhindert jede Leidenschaft. Das Gleichnis vom barmherzigen Samariter ist ein Modellfall solcher Augenblicke.

Wer wirklich hinsieht, wird aber auch zum Staunen verführt. Auch das staunende Einsehen, also das Einbilden der Schöpfung, geht zuerst über die Augen, sie „gehen uns dann über".

Dieses Gewahrwerden der Schöpfung ist ein elementarer Bildungsvorgang, der einmal eingebildet uns dann auch ausbildet. Er verändert uns innerlich und äußerlich. Das Bild von uns selbst und unserem Lebensraum wird anders, klarer, durchsichtiger. Wir werden auch schöner davon: das Antlitz vom Öl, der Leib vom Brot, die Seele vom Wein (Psalm 104,15). All das wird dann zu einem Genuss, der uns nicht schwach, sondern der uns stärker macht.

Ein geschärfter Blick, der das alles auch zu warten bereit ist, kann darum gar nicht anders, als mit allen Sinnen zu beten: „Aller Augen warten – Schlimmes zu verhüten – auf dich, Herr, dass du ihnen Speise gibst zur rechten Zeit." (Psalm 145,15)

Kirchweih

FARBE: ROT. Nach jüdischem Vorbild (Chanukka erinnert an die Wiedereinweihung des Tempels 164 v.Chr. nach seiner Entheiligung durch die Syrier) beginnt auch das frühe Christentum, neuerbaute Kirchen zu weihen und dies jährlich zu feiern. Ausgeprägte Rituale (Umschreiten, Besprengen, Weihrauch, später das Beisetzung von Reliquien) begleiten das dem Bischof vorbehaltene Hochfest in der römischen Kirche. Der Kirchweihtermin kann auch der Namenstag des gewählten Schutzheiligen der Kirche sein. Die Reformatoren haben die überladenen Riten verworfen. Über sein Verständnis einer Kirchweihe hat Luther 1544 anlässlich der Einweihung der Torgauer Schlosskirche eine ausführliche Predigt gehalten. Nach 1. Timotheus 4,5 sollen Wort und Gebet Weihwasser und Weihrauch ersetzen. Nicht die Verleihung übernatürlicher Kräfte (consecratio) heiligt den Raum, er wird vielmehr unter Gottes Wort, Gebet und Segen in den Dienst Gottes gestellt (dedicatio). Noch heute sind die 1856 in Dresden und 1862 in Eisenach dafür aufgestellten Grundsätze maßgebend (Agende IV). Wo Kirchennamen bereits Heiligen galten, blieben sie häufig erhalten. Neubauten aber wurden jetzt nach den Aposteln, Evangelisten oder den Geheimnissen des Glaubens (Auferstehungs-, Trinitatis-, Erlöser-, Gnadenkirche o.ä.) benannt.

Unter verschiedenen Begriffen (Kirmes – von Kirchmesse, Kerb, Kerwe u.a.) hat sich vor allem im Süddeutschen Raum ein reiches Brauchtum um das Kirchweihfest ausgeprägt, das als Volksfest mit Jahrmarkt, Verkaufsständen, Viehmärkten oder Tänzen gefeiert wird.

Passwörter sind die Türhüter unserer Zeit. Mit immer verschlüsselteren Codes loggen wir uns ein in den weiten Raum des Internets, passieren so die Schwelle zur zweiten Öffentlichkeit der Postmoderne. Nicht nur Vergesslichen können die codierten Hürden zum Verhängnis werden. Türhüter sind auch Titel und Zertifikate, sie gewähren oder verhindern den Einlass zu bestimmten sozialen Räumen.

Kennzeichnen solche Schwellen auch das Heilige, den Raum Gottes? Bauen wir deshalb Kirchen, um uns als Draußenstehende sozusagen einzuloggen in den Raum, der jenseits unserer begrenzten Erfahrungen liegt? Dann aber wären unsere Kirchen im Sinne der Reformatoren allenfalls Vorhöfe – „profan" im wörtlichen Sinn: der Ort vor dem Heiligen.

Dieser freilich hat eine bemerkenswerte Anziehungskraft. Im Psalm des Kirchweihsonntages bekennt der Beter: „Wie lieb sind mir deine Wohnungen, Herr Zebaoth. Meine Seele verlangt und sehnt sich nach den Vorhöfen des Herrn ... Denn ein Tag in deinen Vorhöfen ist besser als sonst tausend." (Psalm 84,2-3.11a) Zum Ziel hat diese Sehnsucht den Wunsch: „Ich will lieber die Tür hüten an meines Gottes Haus als wohnen in der Gottlosen Hütten." (Psalm 84,11b)

Der Lieblingsort des Türhüters ist das Dazwischen, die Schwelle zwischen Drinnen und Draußen.

Warum eigentlich, wo wir doch sonst das Sitzen zwischen vielen Stühlen gar nicht mögen? Woher das Interesse (lateinisch „dazwischen sein") am pro-fanum, dem Ort zwischen „den Hütten der Gottlosen" und dem Heiligtum?

Ist es die Macht, die Vorzimmerdamen haben? Oder

die geradezu unheimliche Rolle, die Franz Kafka (in seiner Novelle „Vor dem Gesetz") dem Türhüter zuschreibt? Ein Leben lang bittet hier ein Mann vom Lande um Einlass in die heiligen Räume der Gesetze, die ihm die Welt verständlich machen könnten. Aber vergebens. Alt geworden vernimmt sein vergehendes Gehör die ihn anbrüllende Stimme des Türhüters: Der Eingang sei zwar für ihn bestimmt gewesen, aber „ich gehe jetzt und schließe ihn."

Offene Kirchen sind also wichtig, ja not-wendig. Sie garantieren zwar nicht das Erkennen der Gesetze, die die Welt im Inneren zusammenhalten. Aber sie halten den Raum offen für das, was „höher ist als unser Verstehen" (Philipper 4,7) – den Frieden Gottes trotz lastender Fragen.

Wie gut, dass wir so viele Kirchen haben. In den andauernden Passagen unseres Lebens, den leichten und schwierigen Übergängen, dem Wechsel zwischen Drinnen und Draußen, dürfen wir hier stehen bleiben. Uns unterbrechend, wie der Türhüter warten und lauschen, ob da etwas herüberklingt vom Jenseits der Grenze unseres Verstehens.

Passwörter braucht es dafür nicht. Nur das Warten, Erwarten, was im Französischen (Attente) die gleiche Wurzel hat wie Achtsamkeit, Aufmerksamkeit (Attantion).

Wer so als flüchtiger Passant in die Rolle des Türhüters schlüpft, achtsam gespannt, ob Gottes Stimme vernehmbar ist, wird mit dem Psalmbeter nicht nur „von einer Kraft zur anderen gehen" (Psalm 84,8). Ihm ist dann wohl jeder Tag, jede Stunde oder auch nur eine Minute „in deinen Vorhöfen besser als sonst tausend".

Reformationsfest

FARBE: ROT. 1517, am Tag vor Allerheiligen (1. November) hatte Luther 95 Thesen „über die Kraft des Ablasses" vermutlich an die Tür der Schlosskirche zu Wittenberg angeschlagen. Mit dieser öffentlichen Vorlage einer akademischen Disputation leitete er die Reformation der Kirche ein. Nachdem später auch der 10. November (Geburtstag Luthers) oder der 25. Juni (Gedenktag der Augsburgischen Konfession) gefeiert wurden, setzte Kurfürst Johann Georg II. von Sachsen 1667 den 31. Oktober als „Gedenktag der Reformation" fest. Sein inhaltlicher Schwerpunkt ist die Wiederentdeckung der paulinischen Botschaft von der Rechtfertigung des Sünders allein durch den Glauben. In den neuen Bundesländern ist der Reformationstag gesetzlicher Feiertag, anderswo gelten Sonderregelungen etwa im Blick auf Freistellungen.

„Mehr als das Gold", so der Philosoph Georg Christoph Lichtenberg, „hat das Blei die Welt verändert, und mehr noch als das Blei in der Flinte das im Setzkasten."

Eine Kirche der Reformation, die das Wort in Predigt und Musik „be-tont", wird sich gern, aber womöglich etwas wehmütig auf eine solche Rangordnung berufen. Tatsächlich war es das „Blei im Setzkasten", also die Medienrevolution des Buchdruckes, das die prägende Wortgewalt eines Martin Luther vervielfältigte – und so die Welt veränderte.

Heute, an der Schwelle des 500. Jubiläums, nehmen wir unsere Wirklichkeit ganz anders wahr. Das Bild hat dem Wort den Rang abgelaufen, allzu gern lassen wir uns von dieser Dominanz bestechen. Nur noch die bissigsten Schlagzeilen scheinen sich behaupten zu können. Freilich ist auch hier das Verfallsdatum schon aufgedruckt: Nichts ist langweiliger als die Zeitung von gestern.

Die Freiheit der Demokratie, schwer errungen, scheint dem Wort seine Kraft zu nehmen. Das hohe Gut der Presse- und Meinungsfreiheit hat eben auch eine Kehrseite: Jeder darf (fast) alles sagen. So führt nicht nur die Inflation leerer Worthülsen zur Vergleichgültigung des Gesagten, es muss auch alles verhandelt werden. Jedes Argument hat sich dem Sturm von Gegenargumenten auszusetzen. Bis in den Mikrokosmos unsere Beziehungen hinein hat die Autorität des Wortes zu kämpfen mit dem Erleiden seiner Ohnmacht. Was haben wir schon in den Wind geredet, echolos, wie aufgeschluckt von dumpfem Nebel.

Ist also mehr der Wunsch der Vater des Gedankens, dass das Wort Gottes – und inspiriert davon das unsere – wirkmächtig ist, gar weltverändernd? Oder behält der Philosoph Ludwig Wittgenstein doch recht, wenn er im Blick auf seinen „Tractatus" befindet, die wahrhaft wichtige Hälfte sei das Ungeschriebene, also das, worüber man schweigen muss, weil es nicht gesagt werden kann. Gerade so, als bestiege man mit seinen Sätzen eine Leiter, die, wenn man oben angekommen ist, dann weggestoßen werden muss.

Wie also steht es um die Wirkmächtigkeit des Wortes? Hat unser Reden Anteil an der Schöpferkraft Gottes? Der jedenfalls sagt, was er tut. Und er tut, was er sagt. Augenblicklich tritt sein Versprechen in kraft: „Und Gott sprach, es werde Licht – und es ward Licht."

(1. Mose 1,3; Psalm 33,9: „Wenn er spricht, so geschieht's; wenn er gebietet, so steht's da.")

Auf diese Weise schafft er nicht nur, er trennt auch: Licht von der Finsternis, Wasser und Land, den Himmel von der Erde. Die heilsame Kraft solcher Unterscheidung, auch die der Menschen, ist ein Segen (1. Mose 1,28) – aber wie jedes Glück nicht ohne Schmerz. Wir spüren das, wenn Gutes von Bösem, Heiles von Unheilem getrennt werden muss. Gleich dem Skalpell eines Arztes kann der Hebräerbrief darum vom Wort Gottes sogar sagen, es sei „kräftig und schärfer als jedes zweischneidige Schwert." (Hebräer 4,12)

Ist das übertrieben, fernab von dem, was wir dem Wort gemeinhin zutrauen? Oder spüren wir nicht seine Wirkkraft durchaus – am empfindlichsten, wenn Worte verletzen. Wie unliebsame Nagetiere beißen sie sich fest im Unterholz unseres Gemütes. Viktor Klemperer hat die Wirkung menschlicher Worte sogar einmal mit winzigen Arsendosen verglichen: „Unbemerkt verschluckt, scheinen sie keine Wirkung zu tun und nach einiger Zeit ist die Giftwirkung doch da."

Das bodenlose Erschrecken ist wohl keinem fremd, wenn ein spitzes Wort – unbedacht oder im Spaß – nicht mehr zurückzuholen ist. Augenscheinlich entfaltet es seine verheerende Wirkung – wie der vom Bogen schnellende Pfeil eines Schützens, der ihm fortan nicht mehr gehört. Das Hüten der Zunge zählt nicht zufällig zu den biblischen Forderungen, die bildreicher und eindringlicher nicht sein können (Jakobus 3, Spruchweisheit).

Umgekehrt ist aber auch das gute Wort, seine Schöpferkraft, nachhaltiger als wir wahrnehmen. Im Mund der Kinder begegnet uns das ganz besonders, vielleicht aber auch in der erwachsenen Erinnerung: „Weißt du noch, dass du mir damals gesagt hast ...“ Manchmal stellen wir mit halben Worten ganze Lebensweichen.

Behutsam hat der Prophet Jesaja unserer drängenden Ungeduld gegenüber dem Sofort ein Gleichnis vor Augen gestellt: „Gleichwie der Regen und Schnee vom Himmel fällt und nicht wieder dahin zurückkehrt, sondern feuchtet die Erde und macht sie fruchtbar und lässt wachsen, dass sie gibt Samen und Brot zu essen, so soll das Wort, das aus meinem Munde geht, auch sein: Es wird nicht wieder leer zu mir zurückkommen, sondern wird tun, was mir gefällt, und ihm wird gelingen, wozu ich es sende.“ (Jesaja 55,10-11) Wie tröstlich ist diese entschleunigende Verheißung, nicht nur im Blick auf manch scheinbare Vergeblichkeit in der Erziehung!

Auch Reformation braucht Zeit, sie muss reifen. Eilige Reförmchen sind Gottes Sache nicht. Wir müssen ihn ausreden lassen, unter seinem Wort wie im Regen wachsen oder wie unter einer Schneedecke zur Atemruhe finden. Leer kommt es auf keinen Fall zurück, große Veränderungen fangen immer klein an.

So gesehen vertieft das Gleichnis des Jesaja aber noch ein anderes Lehrstück der Reformation: All unserem Tun gebührt der ehrenwerte zweite Platz. Der erste Platz gehört dem Sein, unserem Dasein, dem Einfach-da-sein-Dürfen inmitten des schöpferischen Wirkens Gottes. Das aber ist immer schon umsonst da. Als Teil der Schöpfung finden wir uns in ihr vor – wie in einer geräumigen „Wohnung“, die allemal schon bestens möbliert ist. Wir räumen zwar ständig um – aber all unsere geistreichen „Erfindungen“ sind wohl doch nicht mehr, als das Wort sagt. Wir „finden" und stellen unsere vorgefundenen Gedanken nur in andere Zusammenhänge. So freilich eröffnen sie dann doch überraschend neue Bedeutungshorizonte.

Auch unsere Sprache – nach dem Philosophen Martin Heidegger das Medium, in dem „das Sein, sich lichtend, zur Sprache kommt" – ist nichts anderes als ein Sammeln und Neuformieren vorhandenen Inventars. Gleich Kindern, die in einer unerschöpflichen Legokiste kramen, sammeln, ent-wickeln und bauen wir unsere Ideen (die vielen Worte, die wir aus der lateinisch/griechischen Wurzel *leg* bzw. *log* bilden, bergen immer die Bedeutung von *Lesen* im Sinne von *Sammeln*). Literatur, Dichtung und Kunst sind nur die poetisch verdichtete Form solchen Bauens. Leuchtkraft gewinnt das alles offenbar aus der Kraft der Schöpfung, jener Leihgabe, die uns großzügig (auch als Be-gabung) übereignet ist.

Im Anfang war nicht die Tat (wie Goethes Faust es will), nicht die Presse (Karl Kraus), „im Anfang war das Wort" (Johannes 1,1). Wer dessen Kraft gering schätzt, verarmt nicht nur, er verfehlt unsere Wirklichkeit.

Wenn also schon das „Blei im Setzkasten" an Bedeutung verloren hat, erinnert das nur umso mehr an den alten Grundsatz der Kirchen: „semper reformanda" (immer zu reformieren). Denn nur wer sich ändert, bleibt sich treu. Ob wir die verändernde Kraft solcher Treue noch aufbringen?

Bußtag

FARBE: VIOLETT. Buß- und Bettage gehen auf Notzeiten zurück. Territorial abhängig gab es vom Anfang des Kirchenjahres (Advent) über die Passionszeit (Frühjahrsbußtag, Aschermittwoch) bis in den November unterschiedlich viele Bußtage. Um der Einheitlichkeit willen wurde darum 1893 durch das preußische Konsistorium der Mittwoch vor dem Ewigkeitssonntag als Bußtag fest in den Kalender aufgenommen.

Begriff und Sache der „Buße" meinen im Horizont der Bibel eine Änderung der Haltung. Nicht Strafe, sondern die Umkehr zu Gott stehen im Mittelpunkt.

Während des Zweiten Weltkriegs und danach wechselten Abschaffung und Wiedereinführung des Bußtages; erst ab 1990 galt er deutschlandweit als freier Arbeitstag. Als solcher wurde er 1995 mit der Einführung der Pflegeversicherung wieder gestrichen, um die Mehrbelastung der Arbeitgeber auszugleichen. Lediglich im Freistaat Sachsen besteht er bis heute als gesetzlicher Feiertag. Seit 1982 hat er auch als Abschluss der Friedensdekade an Bedeutung zugenommen.

„Nichts ist so fein gesponnen, es kommt doch an die Sonnen." Wie ungemütlich, dieses pikante Sprichwort. Nicht von ungefähr ist Buße – vom mittelhochdeutschen „Besser(n)" – ein unliebsames Thema. Schließlich behaftet es uns genau dort, wo sich unsere heimlichen Motive als un-heimlich herausstellen.

„Nichts ist so fein gesponnen, dass es nicht kam zur Sonnen." In Stein gemeißelt steht es so über dem Eingang des 1907 eröffneten Landgerichtes am Münchner

Platz in Dresden, heute Gedenkstätte für die Opfer politischer Strafjustiz.

Was mag in den vielen Menschen vorgegangen sein, die unter diesem Spruch das Gebäude betreten haben? Haben sie es als Drohung empfunden, als Ansporn oder als Ausdruck einer tiefen Sehnsucht?

Heute könnte es der Wahlspruch der Medien, zumindest mancher Enthüllungsjournalisten sein. An ein himmlisches Gericht würde jedenfalls keiner so schnell denken. Das ist auch gut so – Aufklärung ist zunächst einmal eine Frage zwischenmenschlicher Gerechtigkeit.

Woran aber liegt es, dass die Wahrheit unserer menschlichen Schuldverstrickung so schwer ans Licht zu bringen ist? Sicher, seinem Ansehen lässt keiner freiwillig Schrammen zufügen; sofort ist ja die Kraft unserer Autorität infrage gestellt. Aber Fehler machen zu dürfen, gar Schuld einzugestehen, könnte doch befreiend sein. Untadelige Eltern, vollkommene Lehrer oder allzu glatte Politiker sind jedenfalls nichts Barmherziges. Sie nötigen geradezu zum Angriff.

Ehe wir dem Gedanken eigener Reue Raum geben, stoßen wir darum lieber andere vom hohen Ross. Offenbar kann ich mich selber besser ertragen, wenn der Abstand zum anderen möglichst gering gehalten wird. Die Fehler des anderen relativieren meine eigenen.

Folglich trivialisieren wir das Problem der Schuld: Wir sind „alle allzumal Sünder" – flugs suchen wir so die Welt wieder in Ordnung zu bringen. Reduziert auf ein Kavaliersdelikt, scheint „Sünde" (ein Abstraktum von „sein" – „der es gewesen ist") behebbar. Anständig, wenn auch grollend, zahlen wir als „Verkehrssünder" ein Bußgeld, reden augenzwinkernd von sündhaft teurem Schmuck oder glauben zu sündigen, wenn die Torte allzu üppig ausfällt: moderne „Sündenregister", die nicht nur unseren menschlichen Schwächen auch Liebenswertes kaum absprechen. Gezielt verharmlosen sie das Phänomen der Sünde. Der freilich kommt das gerade recht.

Sie gibt sich arg-, ja ahnungslos, begriffsstutzig. Sünde kann sich nur durch Tarnung sichern. Sie lebt von der Verundeutlichung, bis in unsere Sprache hinein erscheint sie gut geschminkt: Der Völkermord im Nationalsozialismus maskierte sich als „Säuberung". Heute reden wir das Wegwerfen mit „Entsorgen" schön – und entledigen uns auf diese Weise der Sorge gegenüber einer sündhaften Vernichtung des Überflusses.

Offenbar gehören Ort- und Namenlosigkeit zum Wesen der Sünde. Vergebens sucht man den Begriff in der Sündenfallgeschichte des Alten Testamentes (1. Mose 3). Sie beginnt auch dort nicht mit einem klaren Nein gegenüber Gott, sondern mit einem falschen Ja. Halb ehrlich ist es, ein emanzipatorisches Ja, das dem anreizenden Angebot eines Mitgeschöpfes entspricht, beileibe nicht des Satans: „Ihr werdet sein wie Gott und wissen, was böse und was gut ist." Wen lockte eine solche Schlangenrede nicht? Und wer vermag die Grenze zu ziehen zwischen dem *Zusammensein-Wollen mit* und dem *Sein-Wollen wie* Gott?

So verbirgt sich die Sünde hinter den besten Adressen, auch der „Gemeinschaft der Heiligen" blitzt sie aus allen Knopflöchern. In der Regel stolpern wir ja nicht über unsere Fehler, sondern über unsere Begabungen. Nicht unsere Schwächen bringen uns zu Fall, sondern unsere Stärken.

Irritiert klagt ein Psalmbeter Gott darum: „Wer kann merken, wie oft er fehlt? Verzeihe mir die verborgenen Sünden." (Psalm 19,13) Er weiß wohl, dass „die Gebote des Herrn die Unverständigen weise machen und die Augen erleuchten" (Psalm 19,8-9). Plötzlich, wie aus heiterem Himmel erschrickt er aber dann: „Wer bemerkt denn seine Fehler selbst?"

Dass wir, raffiniert oder krampfhaft dem Verbergen unserer Fehler viel Energie widmen, ist also nur das Resultat der Sünde. Erst wenn sie nach einem inneren Gärungsprozess verfestigt nach außen tritt, wenn sie als verletzende Tat (fatalerweise auch Struktur!) Gestalt gewinnt, zeigt sie ihr Doppelgesicht: In verhängnisvoller Verquickung gewahren wir sie als Schuld und Schicksal zugleich. Wir haben sie in der Hand und sie hat uns in der Hand; wir spielen mit ihr und sie spielt uns übel mit. Kokettierend mit dem Reiz der Zerstörung, hat sie uns schon ausweglos umgarnt. Geschlagen von der Sünde schlagen wir mit ihr dann Gott und dem Nächsten ins Gesicht.

Handfest kann das Alte Testament von Sünde als „Anschlag" oder „Aufstand" reden. Feiner und weitreichender verwendet das Neue Testament den Begriff „Zielverfehlung". Den Bogenschützen zum Vorbild, zeugt dieser Vergleich immerhin von der ehrenwerten Kraft des Menschen. Trotz aller Anstrengung verfehlt er aber das Ziel.

Manchmal ist das wie eine sonderbare Zugfahrt: Man schaut aus dem Fenster und sieht, wie der Zug in die falsche Richtung fährt. Allein die Kraft zum Aussteigen fehlt.

Ändern können wir das nicht, uns selbst wohl auch

nicht. Wir müssten wohl vorsichtiger werden mit unseren plakativen Forderungen nach Umkehr und Sinnesänderung, gesellschaftlich wie kirchlich. Schwereres gibt es tatsächlich nicht; beklemmend zeigt sich das etwa in unserem leichtfertigen Starrsinn hinsichtlich der Klimafragen oder im Blindsein „auf dem rechten Auge".

Wenn wir über unser Unvermögen wenigstens weinen könnten! Wie Petrus nach dem Verrat seines Herrn (Markus 14,66-72). Im Weinen bricht sich Erlösung Bahn, es zerbricht den betonierten Damm, wir ergießen uns ins Weite. Oder in die Arme Gottes?

Diese Arme könnten uns wohl auch vom Wohl und Wehe harter menschlicher Urteile erlösen. Es ist ja merkwürdig, wie wir uns auf Gedeih und Verderb mit dem Urteil anderer begnügen. Wir reiben uns an ihnen auf und suchen zugleich Milderung bei denen, die die Wunden verursachen. Umgekehrt ist die Gier der Mitmenschen, uns zu durchleuchten, auf Dauer ebenso unerträglich wie das Alleinbleiben mit unseren dunklen Geheimnissen.

Der Bußtag will Erholung davon. Nicht dadurch, dass wir von unseren unheimlichen Motiven absehen, sondern indem wir mit ihnen auf Gott hinsehen. Denn der uns da entgegensieht, will uns nicht hin- sondern herrichten, das Entstellte recht stellen, Hässliches schön machen. Sein Gericht ist die Erlösung von der Überforderung menschlichen Richtens.

„Nichts ist so fein gesponnen, es kommt an die Sonnen" – ist das am Ende doch der Ausdruck einer tiefen Sehnsucht? Denn wir müssen nicht nur, wir dürfen vor dem Richterstuhl Christi offenbar werden (1. Korinther

5,10). Endlich die sein, als die wir gemeint waren. Endlich heraustreten dürfen aus den Hemmnissen, die unser Leben einschnüren und die Rätsel gelöst wissen, die es uns zur Last machen.

Ein trüb-kalter Tag ist der Bußtag darum nicht. Sicher keiner ohne Schmerz. Denn das Feuer solchen Offenbarwerdens wird uns wohl schamrot machen, lodernd. Aber nicht verbrennen. Es stellt uns ja vor den, den Luther trefflich einmal mit einem „glühenden Backofen voller Liebe" verglichen hat.

Ende des Kirchenjahres

FARBE: GRÜN. Die drei letzten Sonntage der Trinitatiszeit thematisieren das Ende des Lebens, das (Jüngste) Gericht und das Ewige Leben. Dabei verweisen die beiden Namen des letzten Sonntages im Kirchenjahr – Totensonntag/Ewigkeitssonntag – auf unterschiedliche Schwerpunkte: Als „Feiertag zum Gedächtnis der Entschlafenen" hatte ihn 1816 der preußische König Friedrich Wilhelm III. angeordnet. Dieser zunächst dem Gedenken der in den Freiheitskriegen (1813–1815) Gefallenen gewidmete Tag schloss zugleich die Lücke, die durch die Abschaffung des katholischen Festes „Allerseelen" (2. November) durch die Reformatoren entstanden war. Entsprechend dem Anliegen der Reformation will der Name „Ewigkeitssonntag" (oder „Fest des Jüngsten Tages") dem Gedenken der Verstorbenen eine andere Perspektive geben: die Hoffnung auf die Auferstehung von den Toten.

So berechtigt diese biblisch begründete Sicht ist, so seelsorgerlich notwendig ist es auch, den Verstobenen (durch Schmücken der Gräber, das Lesen ihrer Namen in den Gottesdiensten oder bei Andachten auf Friedhöfen) zu gedenken.

November, Offenbarung des Abschiedes. Dieses Zwielicht, die Feuchte, der süße Geruch des Verfalles. Von allen Jahreszeiten trifft uns der späte Herbst am tiefsten. Die gereifte Ernte ist eingebracht, die glühenden Energien des Sommers sind verbraucht.

Gern stellen wir uns dieser Erfahrung nicht. Abschied nehmen braucht eine besondere Spannkraft der Seele, einen Energievorrat, der sich nicht aus der Vergangenheit konservieren lässt. Sondern der seine Kraft aus dem Morgen empfängt, so fern – oder schemenhaft er auch scheint.

Wie das Dunkel des Novembers wirtschaftlich besonders viel Energie verbraucht, so auch das Abschiednehmen. Es fordert den ganzen Vorrat unseres Herzens. Ob wir aus diesem Haushalt genügend Energie in Leuchtkraft umsetzten können, hängt davon ab, wie wir wirtschaften. Vorausschauend – Nachsorge ist Vorsorge und Vorsorge Nachsorge. Im Großen wie im Kleinen.

Der Umgang mit den traditionellen Energieressourcen und die Suche nach alternativen Quellen sind inzwischen zu globalen Themen der Wirtschaftspolitik avanciert. Energiekrisen sind in der Regel Ölkrisen. Nicht nur spezielle Berufsgruppen können durch sie ins Unglück stürzen.

Wenigstens genauso bedenklich nehmen sich die „Ölkrisen" aus, die mit dem englischen Begriff „Burnout" umschrieben werden. Ausgebrannt sein, der Energievorrat verbraucht, körperlich und seelisch restlos erschöpft – dieser furchtbare Energieverlust scheint dem Wohlstand zu korrespondieren. Fast epidemisch, nicht nur in speziellen Berufsgruppen – bei Lehrern, Pfarrern oder Managern – breitet er sich stillschweigend aus.

Dabei scheint der größte Energieverbraucher unsere pausenlose Ungeduld. Wie unsere elektrischen Geräte sind wir stand-by geschaltet, immer unter Strom, sofort bereit hochzufahren.

Sprichwörtlich ins Schwarze trifft so die Geschichte von den klugen und törichten Jungfrauen (Matthäus 15,1-13), die ihre Lampen nahmen, um in orientalischer Manier dem Bräutigam entgegenzugehen. Die einen vorausschauend, mit hinreichendem Vorrat, die anderen typische Augenblicksmenschen. In hochgespannter, aber nicht weitreichender Erwartung haben sie nicht acht auf jenes eigene „Vermögen", das zu teilen auch den anderen unmöglich ist. So bitter es ist, nicht jedes Glück lässt sich wirklich teilen.

Dass sie alle miteinander wegen seines Ausbleibens müde werden, wird keiner von ihnen vorgeworfen. Es ist nicht nur unsere eingeborene Ungeduld, die ungestillt uns müde macht – auch allzu strapazierte Erwartungen machen mürbe. Umso härter ist der Ausgang: Wer nicht ausreichend mit Öl versorgt ist, hat sich selbst ausgeschlossen.

Ausgebrannt und ausgeschlossen – wer in diese Grube gefallen ist, sieht keinen Ausweg mehr aus eigener Kraft. Er ist angewiesen darauf, herausgezogen zu werden. Zentimeterweise.

Die Hilfen dazu werden unterschiedlich sein. Entscheidend aber ist die Energiezufuhr, jener Zuwachs an Hoffnung, den die Bibel Gott zuschreibt. „Siehe, ich mache alles neu!"

Sicher: Alles kommt hier darauf an, wer das sagt. Zu Recht sind wir skeptisch, wenn jenes „Ich mache alles neu" aus dem Mund eines neuen Firmeninhabers oder dem des eigenen Nachfolgers kommt. Menschen mit immer neuen Ideen sind lästig, die Ideologen des Fortschrittes sind oft Scharlatane. Auch was als technischer oder wissenschaftlicher Anspruch vorgibt, neu zu sein, ist meist nur eine Fortentwicklung, also der Versuch, das Alte zu vervollkommnen. Genaugenommen sind wir immer nur auf Verbesserungen aus – und entsprechend enttäuscht, wenn das Neue nicht hält, was es verspricht.

Was wirklich neu genannt zu werden verdient, bedarf jener Schöpferkraft, die allein Gott eignet. Nur diese Schöpferkraft schreibt das Alte nicht fort – sie verwandelt es. Sie wirkt aus Verweslichem Unverwesliches. Sie keimt verdeckt schon im November, verwandelt still den Abschied in Aufbruch. Denn alles, was war, selbst das Sterben all derer, an deren Namen wir uns in diesen Tagen erinnern, steht unter dem schöpferischen Morgenlicht – „Siehe, ich mache alles neu". Aus welcher Quelle sonst könnte unsere Seele Energie schöpfen?

So ist das Ende des Kirchenjahres wohl immer ein besonderes Wetterleuchten der Ewigkeit.

Abendgespräch im Dezember

Der Jahreskreis schließt sich. Statt eines Nachworts daher eine Geschichte: über Adam und Eva, also über uns ...

Wie zarte Musik durchringt das Geklapper von Stricknadeln die Stille des Abends. Hin und wieder ein scharfes Knacken. Mit geschickten Händen zieht Eva eine neue Fadenlänge aus dem Korb.

„Woran denkst du, Adam?" Der alte Mann legt den Nussknacker aus der Hand. „An unsere Kinder." Ohne aufzublicken, fragt Eva weiter: „Und was geht dir dabei durch den Kopf?"

„Was sie wohl über uns denken."

„Das wirst du nicht erfahren. Und vielleicht geht uns das auch gar nichts an."

„Sie reden über uns ..."

„Das machen alle Kinder. Nichts ist normaler als das."

„Aber interessieren würde es mich doch, was sie da so reden."

Eva lässt das Strickzeug sinken, forschend richtet sie ihre dunklen Augen auf die zerfurchte Stirn ihres Alten.

„Warum willst du das wissen? Du siehst doch, wie sie leben. Vielleicht ist ihr Stil die deutlichste Antwort, die sie uns geben."

„Ich glaube, sie suchen die Wurzeln ihrer Missgeschicke in unserem Leben."

„Du meinst, sie rechnen mit uns ab?"

„Jedenfalls geraten sie in Streit. ,Du bist wie dein Vater', ereifern sie sich, oder: ,Kannst du nicht einmal deine Mutter aus dem Spiel lassen?'"

„Nimm das nicht so ernst, Adam. Der Streit kommt meist woanders her. Wir Alten müssen dann bloß als Ersatzscheibe für ihre Pfeile herhalten. Wie sollen sie auch zu eigenen Persönlichkeiten werden, wenn sie sich nicht von uns unterscheiden lernen. Und das geht nun mal nicht ohne Verletzungen."

„Du tust so, als ließe gerade dich das kalt."

„Nein, Adam, das tut es nicht. Das Schicksal unserer beiden Ältesten schnürt sich mir mit den Jahren immer enger um die Brust. Nur: Was würdest du denn anders machen, wenn du noch einmal jung wärest und alles würde von vorn beginnen?"

„Ach Eva, wie oft sind wir an dieser Frage gescheitert. Denn selbst, wenn ich manches anders machen wollte – ob ich es könnte, ist noch viel schwerer zu beantworten."

„Dann zerbrich dir nicht deinen Kopf. Bleib bei deinen Nüssen. Das Geheimnis unseres Lebens knackst du doch nicht."

Suchend lässt der alte Mann seinen Blick aus dem Fenster schweifen.

„Sie werden ein Buch über uns schreiben ..."

„Das ist nicht dein Ernst." Eva beginnt zu lachen. „Woher willst du das wissen?"

„Abends am Feuer erzählen sie sich die Geschichten ihrer Kindheit. Ich hörte davon, als ich unsere Ziegen von der Weide holen wollte. Einer versuchte den anderen in seiner Fantasie zu übertreffen. Unser Garten wurde im Erzählen zum wahren Paradies für sie."

„War er das nicht auch?", seufzt Eva versonnen. „Seit der Garten verschlossen ist, versuchen auch meine Gedanken immer öfter über die Mauer zu springen. Ob denn die Bäume noch stehen? Vermutlich kommen wir in den Erzählungen der Kinder vor. Und nicht gut weg – ist es das, was dich alten Adam wieder einmal kränkt?"

„Ja, einer der Redegewandtesten erzählte ungefähr so: ‚Da sprach die Schlange zum Weibe:‘ – gemeint warst du – ‚Ihr werdet keineswegs des Todes sterben, sondern Gott weiß: An dem Tag, da ihr davon esset, werden eure Augen aufgetan und ihr werdet sein wie Gott und wissen, was gut und böse ist.‘"

„Oh ja", sagt Eva leise, „so ähnlich habe ich das dem Kain einmal erzählt."

„Und später werden sie dann naseweis behaupten, wir hätten uns damit von Gott entfernt. Dabei wollte ich ihm nahe, ganz nahe sein. So nahe, dass auch ich endlich verstehen kann, was er verstand."

„Und ich, ich hatte einfach nur Appetit. Diese Früchte – das Wasser musste einem ja im Munde zusammenlaufen! Ich sah, dass es gut wäre zu essen und dass der Baum eine Lust für die Augen war ...‘"

„Und", so fährt Adam langsam fort, „verlockend, weil er klug machte. Erkennen, dachte auch ich, geht offenbar nicht durch den Kopf, sondern wie die Liebe durch den Magen."

„Bekommen ist uns das freilich nicht, abgesehen von den Schwangerschaften. An Äpfel kann ich jedenfalls nicht mehr ran." Behutsam hebt Eva ein Käse-Schinken-Röllchen über die Nussschalen ihrem Adam entgegen. „Vegetarier mögen ja recht haben. Aber au-

74

ßerhalb des Gartens gilt nun einmal para-dies-und-das. Glaubst du, dass im Essen das Geheimnis unseres Lebens liegt?"

„Vielleicht. Nur dass damals das Knacken dieses Geheimnisses uns nicht stark, sondern schwach gemacht hat. Als uns die Augen darüber aufgingen, war alles zu spät. Geblieben ist nur die Sehnsucht."

„Aber", entgegnet Eva lebhaft, „ist das nicht ein wunderbares Geschenk? Immerhin haben wir zu unterscheiden gelernt, was unserem Leben zu- und was abträglich ist."

„Unseren Kindern scheint genau diese Unterscheidung nicht mehr zu gelingen."

„Aber sie kennen die Sehnsucht. Und die ist es, die sie in allem Misslingen immer wieder zur Mitte ihres Lebens treibt."

„Eben deshalb werden sie sie verlieren."

„Ja, ich weiß. Und Wissen macht ein Geheimnis eben nicht durchschaubarer. Unsere gereifte Liebe zeigt das ja: Je mehr wir voneinander wissen, umso größer wird das Geheimnis. Und mit ihm eben auch die Sehnsucht. Ach Adam, wenn die nur unseren Kindern erhalten bleibt. Dann sind sie nicht verloren. Und wenn sie hundertmal uns und Gott verletzen."

„Und dabei leider auch sich selbst."

Mit aufblitzendem Trotz setzt die alte Frau nach: „Sollen sie doch das Buch über uns schreiben! Vielleicht nehmen sie es einmal zur Hand, wenn sie ihre verlorene Mitte suchen."

Behutsam nimmt Adam eine neue Nuss in die schwielige Hand. „Je älter ich werde, desto mehr glaube ich, dass nur Gott selbst unsere harten Schalen aufbre-

chen kann. Sie sind ja wie die Mauer um den Garten."
Und mit einem Anflug von Röte auf den Wangen: „Stell
dir vor, Eva, Gott wäre bereit, sie einzureißen, wenigstens an einer Stelle ..."

Eva hat ihr Strickzeug wieder aufgenommen. „Er
wird es tun, Adam. Für unsere Kinder wird er es tun.
Mitunter träumt mir das. Ich höre dann, wie jemand
leise und dann immer klarer anfängt zu singen: ‚Heut
schließt er wieder auf die Tür zum schönen Paradeis;
der Cherub steht nicht mehr dafür. Gott sei Lob, Ehr
und Preis, Gott sei Lob Ehr und Preis.'"

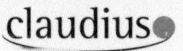